Неупиваемая чаша

Иван Сергеевич Шмелев

СОДЕРЖАНИЕ

НЕУПИВАЕМАЯ ЧАША

Дачники с Ляпуновки и окрестностей любят водить гостей «на самую Ляпуновку». Барышни говорят восторженно:

– Удивительно романтическое место, все в прошлом! И есть удивительная красавица… одна из Ляпуновых. Целые легенды ходят.

Правда: в Ляпуновке все в прошлом. Гости стоят в грустном очаровании на сыроватых берегах огромного полноводного пруда, отражающего зеркально каменную плотину, столетние липы и тишину; слушают кукушку в глубине парка; вглядываются в зеленые камни пристаньки с затонувшей лодкой, наполненной головастиками, и стараются представить себе, как здесь было. Хорошо бы пробраться на островок, где теперь все в малине, а весной поют соловьи в черемуховой чаще; но мостки на островок рухнули на середке, и прогнили под берестой березовые перильца. Кто-нибудь запоет срывающимся теноркой: «Невольно к этим бере-га-ам…» – и его непременно перебьют:

– Идем, господа, чай пить!

Пьют чай на скотном дворе, в капусте и лопухах, на выкошенном местечке. Полное запустение – каменные сараи без крыш, в проломы смотрится бузина.

– Один бык остался!

Смотрят – смеются: на одиноком столбу ворот еще торчит побитая бычья голова. Во флигельке, в два окошечка, живет сторож. Он приносит осколок прошлого – помятый зеленый самовар-вазу и говорит неизменное: «Сливков нету, хоть и скотный двор». На него смеются: всегда распояской, недоуменный, словно что потерял. И жалованья ему пять месяцев не платят.

– А господа все судятся?! – подмигивая, удивляется бывалый дачник.

– Двадцать два года все суд идет. Который барин на польке женился… а тут еще вступились… А Катерина Митревна… наплевать мне, говорит. А без ее нельзя.

1

И опять все смеются, и сараи – каменным пустым брюхом.

Идут осматривать дом. Он глядит в парк, в широкую аллею, с черной Флорой на пустой клумбе. Он невысокий, длинный, подковой, с плоскими колонками и огромными окнами по фасаду – напоминает оранжерею. Кто говорит – ампир, кто – барокко. Спрашивают сторожа:

– А может, и рококо?

– А мне что… Может, и она.

Входят со смехом, идут анфиладой: банкетные, боскетные, залы, гостиные – в зеленоватом полусвете от парка. Смотрит немо карельская береза, красное дерево; горки, угольные диваны-исполины, гнутые ножки, пузатые комоды, тускнеющая бронза, в пыли уснувшие зеркала, усталые от вековых сражений. Молодежь выписывает по пыли пальцами: Анюта, Костя… Оглядывают портреты: тупеи, тугие воротники, глаза навыкат, насандаленные носы, парики – скука.

– Вот красавица!

Из-за этого портрета и смотрят дом.

– Глаза какие!

Портрет в овальной золоченой раме. Очень молодая женщина в черном глухом платье, с чудесными волосами красноватого каштана. На тонком бледном лице большие голубые глаза в радостном блеске: весеннее переливается в них, как новое после грозы небо, – тихий восторг просыпающейся женщины. И порыв, и наивно-детское, чего не назовешь словом.

– Радостная королева-девочка! – скажет кто-нибудь, повторяя слова заезжего поэта.

Стоят подолгу, и наконец все соглашаются, что и в удлиненных глазах, и в уголках наивно полуоткрытых губ – горечь и затаившееся страдание.

– Вторая неразгаданная Мона Лиза! – кто-нибудь скажет непременно.

Мужчины – в мимолетной грусти несбывшегося счастья; женщины затихают: многим их жизнь на минуту представляется серенькой.

– Секрет! – спешит предупредить сторож, почесывая кулаком спину. – На всякого глядит сразу!

Все смеются, и очарование пропало. Секрет все знают и меняют места. Да, глядит.

– И другой секрет… про анпиратора! Прописано на ней там…

Сторож шлепает голой грязной ногой на табуретку, снимает портрет с костыля, держит, будто хочет благословить, и барабанит пальцами: читайте! И все начинают вполголоса вычитывать на картонной наклейке выписанное красиво вязью, с красной начальной буквой:

«Анастасия Ляпунова, по роду Вышатова. Родилась 1833 года маия 23. Скончалась 1855 г. марта 10 дня. Выпись из родословной мемории рода Вышатовых, лист 24:

«На балу санкт-петербургского дворянства Августейший Монарх изволил остановиться против сей юной девицы, исполненной нежных прелестей. Особливо поразили Его глаза оной, и Он соизволил сказать: «Maintenant c'est l'hiver, mais vos yeux, ma petite, reveillent dans mon coeur la printemps!»[1] А наутро прибыл к отцу ее, гвардии секунд-маиору Павлу Афанасьевичу Вышатову, флигель-адъютант и привез приглашение во дворец совокупно с дочерью Анастасией. О, сколь сия Монаршая милость горестно поразила главу фамилии благородной! Он же, гвардии секунд-майор Вышатов, прозревая горестную отныне участь юной девицы, единственного дитяти своего, и позор семейный, чего многие за позор не почитают, явил дерзостное ослушание, в сих судьбах благопохвальное, и тот же час выехал с дочерью, в великом ото всех секрете, в дальнюю свою вотчину Вышата-Темное».

Сторож убирает портрет. Все молчат: оборвалась недосказанная поэма. Мерцающие, несбыточные глаза смотрят, хотят сказать: да, было… и было многое…

Идут к церкви, за парком. Бегло оглядывают стенную живопись, работу будто бы крепостного человека. Да, недурно, особенно Страшный суд: деревенские лица, чуть ли не в зипунах.

– Господа, в склепе опять она! В девятьсот пятом парни разбили надгробия и выкинули кости!

Входят в сыроватый сумрак, в радуге от цветных стекол. Осматривают подправленные надгробия, помятые плиты. Одно надгробие уцелело, с врезанным в мрамор медальоном ее портрет, уменьшенное повторение. Те же радостно плещущие глаза.

– Парни побили гроба... – равнодушно говорит сторож. – До «Жеребца» добирались. А старика так прозвали. А эту не дозволили беспокоить. Святой жизни будто была. Старики сказывали...

Больше он ничего не знает.

Смотрят бархатную черноту склепа – роспись, ангела смерти, с черными крыльями и каменным ликом, перегнувшегося по своду, склонившегося к ее надгробию, и белые лилии, слабо проступающие у стен: как живые.

Осмотрено все, можно домой. Не показывает сторож могилы у северной стороны церкви. В сочной траве лежит обросший бархатной плесенью валун-камень, на котором едва разберешь высеченные знаки. Здесь лежит прах бывшего крепостного человека Ильи Шаронова. Имя его чуть проступает в уголку портрета. А может быть, и не знает сторож: мало кто знает о нем в округе.

Церковь в Ляпуновке во имя Ильи Пророка, тянут к ней три деревни, а на престол бывают и из Вышата-Темного, верст за пятнадцать. Тогда приходит и столетний дьячок Каплюга, проживающий в Высоко-Владычнем женском монастыре, в Настасьиной богадельне. Старей его нет верст на сто; мужики зовут его Мусаилом и как поедут на Илью Пророка – везут на сене. От него и знают про старину. А он многое помнит: как перекладывали Илью Пророка и как венчали Анастасию Павловну с гвардии поручиком Сергием Дмитриевичем Ляпуновым: такие-то огни на прудах запускали! Хорошо помнил дьячок Каплюга и как расписывал церковь живописный мастер, дворовый крепостной человек Илюшка.

– Обучался в чужих краях... я его и грамоте учил.

4

Знает Каплюга и про Жеребца, родителя Сергия Дмитриевича, и как жил на скотном во флигелечке живописный мастер, и как помер. И про блаженной памяти Анастасию Павловну, и называет ее – святая. И про Вышата-Темное, откуда она взята.

– А Егорий-то на стене… ого! И «Змея» того… прости Господи… сам видал. Только тогда об этих делах не говорили.

Лежит за рекой Нырлей, обок с Вышата-Темным, Высоко-Владычний монастырь, белый, приземистый, – давняя обитель, стенами и крестом ограждавшая край от злых кочевников: теперь это женская обитель. На южной стене собора светлый рыцарь, с глазами-звездами, на белом коне, поражает копьем Змея в черной броне, с головой, как у человека, – только язычище, зубы и пасть звериные. Говорят в народе, что голова того Змея – Жеребцова.

Много рассказов ходит про Ляпуновку. А вполне достоверно только одно, что рассказывает Каплюга. Сам читал, что записано было самим Ильею Шароновым тонким красивым почерком в «итальянскую тетрадь бумаги». Тетрадь эту передал дьячку сам Илья накануне смерти.

– Так и сказал: «Анисьич… меня ты грамоте обучил… вот тебе моя грамота…»

Хранил дьячок ту тетрадь, а как стали переносить «Неупиваемую Чашу» из трапезной палаты в собор, смутился духом и передал записанное матушке настоятельнице втайне. Говорил Каплюга, будто и доселе сохраняется та тетрадь в железном сундуке, за печатями, – в покоях у настоятельницы. И архиерей знает это и повелел:

– Храните для назидания будущему, не оглашайте в настоящем, да не соблазнятся. Тысячи путей Господней благодати, а народ жаждет радости…

Умный, ученый был архиерей тот и хорошо знал тоску человеческого сердца.

Вот что рассказывают читавшие.

I

Был Илья единственный сын крепостного дворового человека, маляра Терешки, искусного в деле, и тягловой Луши Тихой. Матери он не знал: померла она до году его жизни. Приняла его на уход тетка, убогая скотница Агафья Косая, и жил он на скотном дворе, с телятами, без всякого досмотра, – у Божья глаза. Топтали его свиньи и лягали телята; бык раз поддел под рубаху рогом и метнул в крапиву, но Божий глаз сохранял, и в детских годах Илья стал помогать отцу: растирал краски и даже наводил свиль орешную по фанерам. Но был он мальчик красивый и румяный, как наливное яблочко, а нежностью лица и глазами схож был с девочкой, и за эту приглядность взял его старый барин в покои – подавать и запалять трубки. И вот однажды, когда второпях разбил Илья о ножку стола любимую бариновую трубку с изображением голой женщины, которой в бедра сам барин наминал табак с крехотом, приказал тиран дать ему соленого кнута на конюшне. Сказал:

– Узнаешь, песий щеняка, чем трубка пахнет.

Тогда от стыда и страха убежал Илья к тетке на скотный и, втайне от нее, хоронился в хлеву, за соломой, выхлебывая свиное пойло. Но не избежал наказания и опять был приставлен к трубкам.

Звали люди барина Жеребцом. Был он высок, тучен и похотлив; все пригожие девки перебывали у него в опочивальной. Был он сроду такой, а когда повыдал дочерей замуж, а сына прогнал на службу, стал как султан турецкий: полон дом был у него девок. Даже и совсем недоростки были. Помнил Илья, как кинулся на барина с сапожным ножом столяр Игнашка, да промахнулся и был увезен в острог. Но стал барин хиреть и терять силы. Тогда водили к нему особо приготовленных девок: парили их в жаркой бане и секли яровой соломой, оттого приходили они в ярое возбуждение и возвращали тирану силы.

Тяжело и стыдно было Илье смотреть на такие дела, но по

6

своей обязанности состоял он при барине и неотлучно. Даже требовал от него барин ходить нагим и смотреть весело. А он закрывал от стыда глаза. Тогда приказывал ему барин-тиран делать разные непотребства, а сам сидел на кресле, сучил ногами и курил трубку.

Было тогда Илье двенадцать лет.

Как-то летом поехал барин глядеть мельницу на Проточке, – прорвало ее паводком. Редко выбирался он из дому, а Илья все надумывал, как бы сходить в монастырь, помолиться, – ждал случая. И вот, не сказав ни отцу, ни ключнице – старухе Фефелихе, в стыде и скорби, побежал на Вышата-Темное, в Высоко-Владычний монастырь: слыхал часто и от дворовых, и от прохожих людей, что получают там утешение.

После обедни он остался в храме один и стал молиться украшенной лентами золотой иконе. Какой – не знал. И вот подошла к нему старушка монахиня и спросила с лаской:

– Какое у тебя горе, мальчик?

Илья заплакал и сказал про свое горе. Тогда взяла его монахиня за руку и велела молиться так: «Защити-оборони, Пречистая!» И сама стала молиться рядом.

– А теперь ступай, с Богом. Скушай просвирку, и укрепишься.

Дала из мешочка просвирку, покрестила и вывела из храма. И легко стало у Ильи на сердце.

Всю дорогу – пятнадцать верст – сосновым бором весело прошел он, собирая чернику, и пел песни; и кто-то шел с ним кустами и тоже пел. Должно быть, это был отзвук. И вовсе не думкалось ему, что воротился с мельницы барин и хлопает в ладони – кличет. Только подходит к лавам на Проточке – выскочила из кустов Любка Кривая, которой проткнул барин глаз, вышпынивая из-под лестницы, куда она от него забилась, охватила Илью за шею и затрепала:

– Илюшечка, миленький, красавчик! Утоп наш Жеребец проклятущий на мельнице, не по своей воле! Туточки верховой погнал на деревню, кричал…

Завертела его как бешеная, зацеловала. Возрадовался Илья в сердце своем и не сказал никому про свою молитву.

Положил Господь на весы правды своей слезы рабов и покарал тирана напрасной смертью.

Всю жизнь снился Илье старый барин: мурластый, лысый, с закатившимися под лоб глазами, в заплеванном халате, с волосатой грудью, как у медведя, и ногами в шерсти. И всю свою недолгую жизнь говорил Илья в тягостную минуту старухину молитву.

II

Стал на власть молодой барин, гвардии поручик Сергий Дмитриевич. Приехал из Питера – при старом барине бывал редко – и завел псовую охоту на удивленье всем. Стало при нем много веселей. Старый медведем жил, не водился с соседями, а молодой погнал пиры за пирами. Завел песельников и трубачей, поставил на островке «павильон любви» и перекинул мостки. Стали плавать на прудах лебеди.

Опять отошел Илья к отцову делу: расписывал на беседках букеты и голяков со стрелками – амуров. Не хуже отца работал.

Добрый был молодой барин, не любил сечь, а сказал:

– Надо вас, дураков, грамоте всех учить: ученье – свет!

Призвал молодого дьячка Каплюгу с погоста да заштатного дьякона, пьяницу Безносого (провалился у него нос), и приказал гнать науку на всех дворовых – стариков и ребят. Вырезал себе Безносый долгую орешину и доставал до лысины самого заднего старика, у которого и зубов уже не было. Плакали в голос старики, молили барина их похерить. А Безносый доставал орешиной и гнусил:

– Не завиствуй господской доле! Господская наука всем мукам мука!

Кончилось обученье: нашли Безносого под мостками в Проточке, у полыньи: разбился во хмелю будто.

Выучился Илья у Каплюги бойко читать Псалтырь и по гражданской печати; и писать и считать выучился отменно. Пришел барин прослушать обученье и подарил Илье за старание холста на рубаху, новую шапку к зиме и гривну меди на подмонастырную ярмарку, что бывает на Рождество Богородицы.

Памятна была Илье та первая гривна меди.

Пригоршню сладких жмехов, корец имбирных пряников и полную шапку синей и желтой репы накупил он на ярмарке; три раза проползал под икону за крестным ходом и щей монастырских с сомовиной наелся досыта. Слушал слепцов, нагляделся на медведя с кольцом в ноздре. Помнил до самой смерти тот ясный, с морозцем, день, засыпанный кистями рябины у монастырских ворот, и пушистые георгины на образах. А когда возвращался с народом через сосновый бор – вольно отзывался бор на разгульные голоса парней и девок. Пели они гулевую песню, перекликались. Запретная была эта песня, шумная – только в лесу и пели.

Пели-спрашивали – перекликались:

> С'отчево вьюгой-метелюжкой метет.
> С'отчево не все дорожки укрыёт?
> Одну-ю и вьюжина не берет?
> А какую вьюжина не берет?
> Всю каменьем умощенную,
> Все кореньем с хвощиною!
> А какую метелюга не метет?
> Ой, скажи-ка, укажи, лес-бор!
> Самую ту, что на барский двор!

Радовался Илья, выносил подголоском, набирал воздуху – ударят сейчас все дружно. Так и заходит бор:

> Чтоб ей не было ни хожева,
> Ой, не хожева, не езжева!
> Ай, вьюга-метелюга, заметай!
> Ай, девки, русы косы расплетай!

Минуло в ту осень Илье шестнадцать лет.

III

Прошло половодье, стала весна, и в монастыре начали подновлять собор. Приехала к барину с поклонами обительская мать казначея – ездила по округе, – не отпустит ли для малярной работы чистой умелого мастера Шаронова Терешу? Охотно отпустил барин: святое дело.

Лежало сердце у Ильи к монастырской жизни: тишина манила. Хорош был и колокольный набор и вызвон: приезжал обучать звонам знаменитый позаводский звонарь Иван Куня и обучил хорошо слепую сестру Кикилию. Умела она выблаговестить на подзвоне – «Свете Тихий».

Уж собираться было отцу уходить в монастырь на работу, и барин стал собираться в отъезд, в степное имение, до осенней охоты. Тогда нашла на Илью смелость. Приметил он – пошел барин утречком на пруды кормить лебедей, понесла за ним любимая девка, Сонька Лупоглазая, пшенную кашу в шайке. Подобрался Илья кустами, стал выжидать тихой минутки.

Веселый стоял барин на бережку, у каменистого причала, где резные, Ильей покрашенные лодки для гулянья, швырял пшенную кашу в белых лебедей, а они радостно били крыльями. Такое было кругом сиянье!

В китайский красный халат был одет барин, с золотыми головастыми змеями, и золотая мурмолка сияла на голове, как солнце. Так и сияла, как икона. И день был погожий, теплый, полный весеннего света – с воды и с неба. Как в снегу, белый был островок в черемуховом цвете. Стучали ясными топорами плотники на мостках, выкладывали перильца белой березой.

Услыхал Илья, как говорит весело барин:

– Лебедь есть птица богов, Сафо. Помни это. Они полны благородства и красоты. Помни это. Поиграй на струнах.

Радовался Илья. Знал, что в духе сегодня барин, если разговаривает с Сафо – Сонькой Лупоглазой.

Вся в белом Сафо, как отроковица на иконе в монастыре, с голубками. Приказал ей барин надевать белый саван, распускать черные волосы по плечам, на голову надевать

10

золотое кольцо, а на ногах носить с ремешками дощечки. Приказал белить румяные щеки и обводить глаза углем. Совсем новой становилась тогда она, как на картинках в доме, и любил смотреть на нее Илья: будто святая. А через плечо висели на ней гусли, как у царя Давида. Самая красивая была она, и ее покупал еще у старого барина заезжий охотник, давал пять тысяч. Так говорил Спиридошка-повар, ее отец. Не нужна она была старому барину; слабый он был совсем, а только потому и не продал, что очень она была красива телом – любил сидеть и смотреть. А когда стал на власть молодой барин, взял ее из девичьей в покои, на особое положение, и приказал называть ее всем – Сафо. Так и звали, подлащивались к новой любимице, а меж собой стали звать – Сова Лупоглазая. Даже Спиридошка-повар, Сонькин отец, передавая ей блюдо с любимым кушаньем барина – бараньими кишками с кашей, говорил уважительно:

– Пожалуйте вам, Сафа Спиридоновна, кишочки.

А вслед плевался и кричал на Илью:

– Чего, паршивец, смеешься!

Выбрался Илья на прудовую дорожку и издалека упал на колени. Сказал:

– Отпустите, барин, с отцом… поработать на монастырь!

Знал Илья, никогда барин сразу не обернется, а все слышит. Покормил барин лебедей, вытер о халат руки и приказал подойти ближе. Сказал:

– Это ты, грамотей? – и погладил по голове. – Ты красивый парень. Скажи, Сафо… любят его девки?

Сафо закатила глаза – учил ее так барин, – выставила ногу и сказала нараспев в небо:

– О, не знаю-с, барин!

Испугался Илья: рассердился барин, не пустит его в монастырь на работу. А барин затопал и замахал руками:

– Дура! Не «барин» надо, а «го-спо-дин»! Так говорили греки! Слушай: «Не знаю, о мой господин». В монастырь работать? А ну, что скажешь, Сафо?

Тогда Илья с мольбой посмотрел на Сафо, и его глаза застлало слезами. И опять испугался. Сказала Сафо опять:

11

– О… можно, барин!

Затопал барин еще пуще.

– Ах ты, ду-ра утячья! Пошла, пошла… Выучись по моей записке с Петрушкой… Постой… Повтори: «Отпусти его, о господин мой!» И поиграй на струнах.

Обрадовался Илья: она ладно сказала, отвернув голову, и позвонила на гуслях.

– Ступай, – сказал барин. – Благодари ее за вкус манер. А то бы не работать тебе в монастыре. Ей обязан!

До самой смерти помнил Илья то светлое утро с лебедями и бедную глупенькую Сафо-Соньку. Не скажи она ладно – было бы все другое.

IV

Радостно трудился в монастыре Илья.

Еще больше полюбил благолепную тишину, тихий говор и святые на стенах лики. Почуял сердцем, что может быть в жизни радость. Много горя и слез видел и чуял Илья и испытал на себе; а здесь никто не сказал ему плохого слова. Святым гляделось все здесь: и цветы, и люди. Даже обгрызенный черный ковшик у святого колодца. Святым и ласковым. Кротко играло солнце в позолоте икон, тихо теплились алые огоньки лампад… А когда взывала тонким и чистым, как хрусталек, девичьим голоском сестра под темными сводами низенького собора: «Изведи из темницы ду-шу мою!» – душа Ильи отзывалась и тосковала сладко.

Расписывали собор заново живописные мастера-вязниковцы, из села Холуя, знатоки уставного ликописания. Облюбовал Илью главный в артели, старик Арефий, за пригожесть и тихий нрав, пригляделся, как работает Илья мелкой кистью и чертит углем, и подивился:

– Да братики! да голубчики! Да где ж это он выучку-то заполучил?!

И показывал радостно и загрунтовку, и как наводить контур, и как вымерять лики. Восклицал радостно:

12

– Да братики! да вы на чудо-то Божие поглядите! да он же не хуже-те моего знает!

Дивился старый Афанасий: только покажешь, а Илье будто все известно.

Проработал с месяц Илья – поручил ему Арефий писать малые лики, а на больших – одеяние. Учил уставно:

– Святому вохры-то не полагается. Ни киновари, ни вохры в бородку-те не припускай, нет рыжих. Один Иуда рыжий!

Выучился Илья зрак писать, белильцами светлую точечку становить, без циркуля, от руки, нимбик класть. Крестился Арефий от радости:

– Да вы, братики, поглядите! да кокой же золотой малец! Да это же другой Рублев будет! Земчуг в навозе обрел, Господи! – поокивал Арефий, допрашивал маляра Терешку: – Да откудова он у те взялся?

Смотрел Терешка, посмеивался:

– По седьмому году он у меня сани расписывал глазками павлиньими, по восьмому варабеску у потолку наводил!

Приходили монахини, подбирали бледные губы, покачивали клобуками:

– Благодать Божия на нем… произволение!

Стыдливо смотрел Илья, думал: так, жалеет его Арефий. Радостно давалась ему работа. За что же хвалит? Сказал Арефию:

– Мне и труда нимало нету, одна радость.

Растрогался Арефий до слез и открыл ему, первому, великий секрет – невыцветающей киновари:

– Яичко-те бери свежохонечкое, из-под курочки прямо. А как стирать с киноварью будешь, сушь бы была погода… ни оболочка! Небо-те как Божий глазок чтобы. Капелечки водицы единой – ни Боже мой! да не дыхай на красочку-те, роток обвяжи. Да про себя, голубок, молитву… молитовочку шепчи: «Кра-а-суйся-ликуй и ра-а-дуйся, Иерусалиме!»

Сам все нашептывал-напевал эту кроткую, радостную песнь церкви, когда выписывал в слабом свете под куполом старого Бога Саваофа, маленький и легкий, как мошка.

Уже старый-старый был он, с глазками-лучиками, и, смотря на него, думал Илья, что такие были старенькие угодники – Сергий и Савва, особо почитаемые Арефием.

Стояла в монастырском саду караулка – один сруб, без настила, – крытая по жердям соломой. Тут и жили живописные мастера, а обедать ходили в трапезную палату.

Еще когда цвели яблони, в первые дни работы, вышел Илья из караулки на восходе солнца. Весь белый был сад, в слабом свете просыпающегося солнца, и хорошо пели птицы. Так хорошо было, что переполнилось сердце, и заплакал Илья от радости. Стал на колени в траве и помолился по-утреннему, как знал: учила его скотница Агафья. А когда кончил молитву, услыхал тихий голос: «Илья!» И увидал белое видение, как мыльная пена или крутящаяся вода на мельнице. Один миг было ему это видение, но узрел он будто глядевшие на него глаза… В страхе приник он к траве и лежал долго. И услыхал – окликает его Арефий:

– Ты что, Илья?

Поднялся Илья и рассказал Арефию: видел глаза, такие, каких ни у кого нет.

– Ну, какие? – допытывался Арефий.

– Не знаю, батюшка… таких ни у кого нету…

Мог, защурясь, вызвать эти глаза, а сказать не мог.

– Строгие, как у Николы Угодника? У Ильи Пророка? – все допытывался встревоженный Арефий.

– Нет, другие… через них видно… будто и во весь сад глаза, светленькие…

Покачал задумчиво головой Арефий: так, со сна показалось. Не поверил. А Илья весь тот день ходил как во сне и боялся, и радовался, что было ему видение: слыхал, как читали монахини в трапезной Жития, что бывают видения к смерти и послушанию.

С этого утра положил Илья на сердце своем – служить Богу. Только не разумел – как.

Ласково жили в монастыре: ласку любил Арефий. Всех называл – братики да голубчики, подбадривал нерадивых

14

смешком да шуткой. Много знал он ласково-радостных сказочек про святых, чего не было ни в одной книге: почему у Миколы глаза строгие, как октябрь месяц, почему Касьян – редкий именинник, а Ипатия пишут с тремя морщинками. Обвевало все это благостной теплотой мягкое Ильино сердце.

Спрашивал Илья Арефия:

– А почему мученики были греки, а то рымляне… а наших нету?

– А вот тебе царь Борис-Глеб, наши! Митрополит Филипп… Димитрий-царевич!

– А мужики-мученики какие?

– Какие? А погоди…

Припоминал Арефий: юродивые, блаженные, столпники, преподобные…

Не мог вспомнить. Слушал маляр Терешка, посмеивался:

– Краски, дядя Арефий, про всех не хватит… много нас больно. Потому и не пишут!.. Да и образина-то… рылом не вышли!

Рассердился Арефий, поморщился:

– Ты этим не шути, братик!

Август подходил, краснели по саду яблоки. Заканчивалась живописная работа. Загрустила душа Ильи. Когда спали после трапезы мастера и замирало все в тишине монастырской, уходил Илья в старый собор, забирался на леса, под купол, где дописывал Арефий Саваофа с ангелами и белыми голубями у подножия облаков. Сидел в тишине соборной. Вливались в собор через узкие решетчатые оконца солнечные лучи-потоки, а со стен строго взирали мученики и святые. И подумалось раз Илье: все лики строгие, а как же в Житиях писано – читали монахини за трапезой, – что все радовались о Господе? Задумался Илья, и вдруг услыхал он, как зашумело-зазвенело у него в ушах кровью и заиграло сердце. Вспомнил он, что скоро уйдет Арефий, и захотелось ему сделать на прощанье Арефию радость. Тогда, весь сладко дрожа, помолился Илья на Бога Саваофа в облаках и евангелисту Луке, самому искусному ликописному мастеру, – помнил наказ Арефия, – отпилил

15

сосновую дощечку, загрунтовал, и утвердилась его рука. Неделю, втайне, работал он под куполом в послеобеденный час.

И вот наступил день прощанья: уходил Арефий с мастерами и он с отцом – к своему месту. Тогда, выбрав время, как остались они вдвоем на лесах, подал Илья с трепетом и любовью Арефию икону преподобного Арефия Печерского.

Взглянул Арефий на иконку, вскинул красные глазки с лучиками на Илью и вскричал радостно:

– Ты, Илья?!

– Я... – тихо сказал Илья, озаренный счастьем. – Порадовать тебя, батюшка, помнить про меня будешь...

Заплакал тогда Арефий. И Илья заплакал. Не было никого на лесах, под куполом, только седой Саваоф сидел на облаках славы. Сказал Арефий:

– Да что ж ты, голубок, сделал-то? Ты меня... самоличного... в преподобного вообразил! Грешника-те... о Господи!

Ничего не сказал Илья. Все было писано по уставу ликописания: схима, церковка с главками и пещерка у ног преподобного, – все вызнал Илья от Арефия, какое уставное ликописание его ангела. Только лик взял Илья от Арефия: розовые скульцы, красные, сияющие лучиками глаза и седую реденькую бородку.

Показал мастерам Арефий: посмеялись – живой Арефий.

– То портрет церковный... – раздумчиво сказал Арефий. – Не с нами тебе, Илья... Плавать тебе по большому морю.

Путь их лежал на Муром, и пошли они на Ляпуново, лесом. Всю дорогу шел Илья по кустам, набирал для Арефия малину, переживая тяжелую разлуку. В слезах говорил Арефий:

– Господи, великую радость являешь в человеке. Не могу уйти: пойду, Илья, сказать твоему барину. Не могу тебя так оставить.

– Уехал далече барин... – сказал Илья.

А когда показалось за Проточком высокое Ляпуново с

прудами и барским домом, ухватился Илья за Арефия и заплакал в голос. Постояли минутку молча, и сказал Арефий:

– Плавать бы тебе, Илья, по большому морю!

И разошлись. И никогда больше не встретились. Ушли мастера на Муром.

V

Осенью воротился со степей барин и привез лису чернобурую, девку-цыганку. Прогнал с глаз встретившую его Соньку-Сафо и приказал всем почитать цыганку за барыню, называть Зоя Александровна.

Была та Зойка-цыганка вертлявая, худящая, как оса, и злая. Когда злилась – гикала по всему дому, визжала по-кошачьи и лупила по щекам девок. Вытрясла из сундуков старые шали, шелка и бархаты, раскидала по всему дому, даже на стены вешала. Загоняла старую ключницу Фефелиху. Возами возили из города и сукна, и штоф, и парчу, и всякие наряды, а Зойка валялась по полу в лентах и вызванивала на гитаре. Дивились люди, что даже барина по щекам лупит: опоила.

Тут пришла на Илью напасть: велел барин при столе стоять в полном параде. Надел Илья красный камзол, белый парик с косицей, зеленые чулки и туфли с пряжками и кисейный галстук. Увидала его цыганка и закатилась смехом:

– Марькиз-то вшивый!

И барин стал звать, и дворовые, и даже мальчишки на деревни кричали:

– Марькизь-то вшивый!

Было Илье обидно непонятное слово. Днями сидел он в лакейской и плакал втайне, вспоминая Арефия.

Тут пришло на него горшее искушение.

Уехал барин на медвежью охоту, на целую неделю. Садилась Зойка за стол одна, в красных шалях, пила стаканами ренское вино. Упилась раз до злости, обожгла Илью черными глазами и приказала пить за ее здоровье. Никогда не пил Илья вина – греха боялся. А тут поскидала с себя Зойка красные шали, оголилась до пояса, подтянула под темные груди алую ленту с нанизанными червонцами и уставилась на Илью глазищами. Опустил Илья глаза в пол от искушения. А она притянула его за руку к себе и заворожила глазами-змеями. Поглядел Илья на ее жаркие губы и убежал в страхе от соблазна. А она смеялась.

Понял тогда Илья, что послано ему искушение, помолился Страстям Господним и укрепился.

После обеда повалил снег, и зашумела на дворе метелюга. Тогда крикнула Илье Зойка – топить самый большой камин, Львиную Пасть, приказала ему сидеть при огне неотлучно и замкнула его в опочивальной. Понял тогда Илья, что идет на него новое искушение. Стал на колени и помолился Иоанну Киевскому. И слышит:

– Ступай, Фефелиха, в баню!

Вошла Зойка в опочивальню, а дверь замкнула. Стало в опочивальной жарко. Тогда выбежала Зойка из-за ширмы, босая и обнаженная, ухватила Илью сзади за шею и потребовала иметь с ней грех. Но совладал Илья с искушением: схватил горящую головешку и ткнул ее в голую грудь блудницы. Слышал только визг неистовый, похожий на кошачий, и уже ничего не помнил. Очнулся и видит: сидит он в своей каморке, на тюфяке, а на дворе ночь черная и шумит метелюга. Пришла старая Фефелиха и смеется:

– Змея-то наша спьяну на головешку упала, ожглась.

Не сказал Илья про искушение. Не трогала его с той поры Зойка. А на масленице повез барин Зойку в Киев, на ярмарку, а воротился один: пропала она без вести.

Понял тогда Илья, что послана была ему Зойка-цыганка для искушения: ему и барину.

Стал после того барин тихий. Даже на охоту перестал ездить, а приказал открыть большой шкап с книгами – не помнил Илья, когда его открывали, – и стал читать с утра до вечера. Стал читать и Илья, и читал с охотой. И узнал много нового о жизни и людях.

И вдруг барин совсем переменился. Призвал Гришку Патлатого, портного, и велел шить на него власяницу. Не знал Гришка, какая бывает власяница, и сшил он халат из колючего войлока. Надел барин халат на голое тело и подпоясался веревкой. Сказал Илье:

– Надо спасать душу.

Тогда спросил Илья, чтобы дозволил барин и ему надеть власяницу. И стали они вести жизнь подвижническую. Будил барин по ночам Илью и наказывал читать Псалтырь. А сам становился на колени, на горку крупы с солью, и стоял до утра.

Недели две так молился барин. Радовался Илья. И переменился вдруг.

Ночью было. Читал Илья из псалма любимое: «...аще возьму крыле моя рано и вселюся в последних моря...» – как барин крикнет:

– Стой, маркиз! Буди всех, зови сюда певчих девок!

Понял Илья, что это барину искушение, и продолжал: «...и тамо бо рука Твоя...» Но еще пуще закричал барин. Тогда разбудил Илья певчих девок. Собрались девки в белых покрывалах, как, бывало, Сафо ходила, и запели сонными голосами любимую баринову «Венеру»:

> Един млад охотник
> В поле разъезжает,
> В островах лавровых
> Нечто примечает...
> Венера-Венера!
> Нечто примечает...

Не дал им кончить барин, приказал выдать сушеного чернослива и спать ложиться. Сказал:

– Опостылели вы мне, головы утячьи! Не умеете жизни радоваться, и мне через вас радости нет. Уеду от вас на край света. А с собой Илюшку возьму за камердинера. Сшить ему камзол серый с золотыми пуговицами! И пошли все вон!

Пошел Илья в свою каморку, при лакейской, под

лестницей. И уж взял было икону мученика Терентия, отцу дописывать, – по ночам втайне работал, – отворилась дверь, и спросил барин:

– Это что такое, огонь горит?!

Тогда в страхе признался Илья в слабости своей: сказал, что по ночам только трудится, а днем выполняет положенное. Взял барин иконку, увидал, что похож мученик на маляра Терешку, и сказал, подняв руки:

– Ты, дурак, и не понимаешь, что ты ге-ний! Но ты и негодяй за то, что во святого мученика Терентия Терешку-пьяницу произвел!

Потребовал показать – еще что писано. Зойку-цыганку признал на листе, на стенке: в пещере она лежала, как Мария Египетская. Сорвал со стенки и под власяницу спрятал. Признал и себя: сидел в золотой короне на высоком троне. Вскричал грозно:

– Я?! в короне?!

Затрепетал Илья и пал на колени, прося прощения. Но не рассердился барин, дал поцеловать руку и сказал милостиво:

– Перст Божий меня привел. Значит, должен я тебя повезти в науку. Петр Великий посылал дураков за море учиться, вот и я тебя повезу. Пусть знают, какие у нас русские гении даже из рабов! Спи и не страшись наказания.

И обрадовался Илья, что так обернулось. Потому что хотел он написать Диоклетиана-гонителя и мучеников, а не успел написать и имярек не вывел.

VI

Весна пришла, а все готовили барина в дальнюю дорогу. Налаживали кузнецы и каретники дорожную раскидную коляску: и спать, и принимать пищу, и всячески прохлаждаться можно было в той раскидной коляске: потому и называлась она – ладно.

Отпели Пасху. Полный расцвет весны был. Забелело

черемухой кругом пруда. Прощался Илья со всеми. И на пруду посидел, и с лошадьми попрощался. Сбегал на скотный двор к тетке – поплакать перед разлукой. Утешала его тетка Агафья – барская воля, покоришься. Творожку в узелочке дала ему на дальнюю дорогу и меди пятак на свечку Угоднику Миколе: в дальних краях мощи его нетленно почивают – кто и укажет, может. У отца попросил благословения и со слезами простился: тяжко больной другой месяц лежал маляр Терешка, отнялись у него ноги. Заплакал Терешка – никогда раньше не видал Илья, как отец плачет: всегда смеялся. И Спиридошке-повару поклонился в ноги, благодарил за ласку: давал ему Спиридоша барские кусочки. Сбегал и на погост, к Каплюге…

Сказал ему Каплюга:

– Есть в городе всесветном, именуемом Рым-город, самый главный собор, и сидит в том соборе папа рымский, за Христа почитаемый. Всем велит целовать ногу. Ту ногу не целуй смотри.

И дал ему Каплюга четвертак серебряный – на свечу Петрову гробу, сказал:

– Кто Петрову гробу свечу поставит – в рай попадет. За грамоту мою услужи.

Сбегал и в монастырь Илья: обернулся за ночь. Горячо помолился в утрени… А как бежал обратно лесной дорогой – простился с лесом. Новым показался ему тот лес, в новых иглах, в белой калине, в весело зеленевшем орешнике. Соловьи заревые щелкали по оврагам. И соловьям говорил – прощайте, и ключику-кадушке в логу, и ястребам в небе. И будто слышал Илья, как говорит ему лес: воротишься.

Приказал барин служить в церкви молебен «В путь шествующим». Согнал бурмистр Козутоп Иваныч на проводы всю деревню. После молебна объявил барин мужикам, что не для радости какой едет, а от великой скорби: скушно ему глядеть на темную жизнь, никогда веселого лица не видит.

– Ворочусь – новую церковь, просторную, выведу для вас. А вот обучу там Илью – он и распишет… Будете веселей молиться.

Взял в дорогу, чтобы не скучно было, глупенькую Сафо-Соньку, приказал надеть цыганкино платье и зеленую тальму. И поехали, провожаемые верховыми до большого тракта.

Пошли чужие села и деревни, и леса, и города, большие и малые. Ново и радостно было Илье все это. Налетали ливни и грозы, жарило солнцем и обсушивало ветрами. Дни и ночи смотрел Илья с валкого местечка на козлах – радовался. Не случилось в пути до самой границы никакого лиха, и отпустил барин силача шорника Панфила с пистолетом, свою охрану. Одно случилось, сильно опечалившее Илью: у самой границы пропала Сафо, как камень в воду. Пошла в городке покупать барину чулки шерстяные, необыкновенные, – проезжие всё хвалили, – повел ее старый поляк-деляга, – и пропала. Три дня простояли в том городке, у городничего жили, все места непотребные обыскали. Пропала Сафо, как в воду камень. Сказал барин:

– Туда ей и дорога, шельме! Так и знал, какая у ней повадка.

Поплакал Илья на своем местечке, а потом вспомнил, как перешептывался с Сафо Панфил-шорник, как он же сыскал и того поляка-делягу, и подумал: может, ушли в немецкую землю. Не сказал барину: может, там лучше будет.

VII

Четыре года прошло, и были эти четыре года как сон светлый: затерялась в нем далекая Ляпуновка.

Снились – были новая земля и новое небо. А светлее всего была давшаяся нежданно воля: иди, куда манит глаз.

Море видел Илья – синее земное око, горы – земную грудь, и всесветлый город, который называют: Вечный. Новых людей увидел и полюбил Илья. Чужие были они – и близкие. Радостным, несказанным раскинулся перед ним мир Божий – простор бескрайний. И новые над ним звезды. И цветы, и деревья – все было новое. И новое надо всем солнце.

Чужое было, незнаемое – и свое: прилепилась к нему душа. Даже и своего Арефия снова нашел Илья, седенького, быстрого, с такими же розовыми скульцами и глазами-лучиками. Только свой Арефий хлопал себя по бедрам и восклицал распевом:

– Да ты го-лубь ты мо-ой!

А этот хватал за плечо и вскрикивал:

– Браво, руски Иля!

Взлет души и взмах ее вольных крыльев познал Илья и неиспиваемую сладость жизни. Изливалась она, играла: и в свете нового солнца, и в сладостных звуках церковного органа, и в белых лилиях, и в неслыханном перезвоне колоколов. Переливалась в его глаза со стен соборов, с белых гробниц, с бесценных полотен сокровищниц. Новые имена узнал и полюбил Илья: Леонардо и Микеланджело; Тициана и Рубенса; Рафаэля и Тинторетто… Камни старые узнал и полюбил Илья, и приросли они к его молодому сердцу.

Год учился он в городе Дрездене, у русского рисовальщика Ивана Михайловича.

Непонятно было Илье тогда: вольный был человек Иван Михайлович и сильно скучал по родине, а ехать не мог. Обласкал его этот человек, как родного, говорил часто:

– Помни, Илья: народ породил тебя – народу и послужить должен. Сердце свое слушай.

Не понимал Илья, как народу послужить может. А потом понял: послужить работой.

Прошел год. Сказал Илье рисовальщик:

– Больше тебе от меня нечего взять, Илья. Велико твое дарование, а сердце твое лежит к духовному. Так и напишу владетелю твоему. А совет мой тебе такой: наплюй на своего владетеля, стань вольным.

Тогда сказал ему Илья, удивленный:

– Если я уйду тайно от барина, как могу я воротиться на родину и послужить своему народу? Скитаться мне тогда, как бродяге. Я на дело повезен барином: обучусь – распишу церковь. Вот и послужу родному месту.

Определил его тогда барин в живописную мастерскую в

городе Риме, к ватиканскому мастеру Терминелли. Работал у него Илья три года.

Был он красивый юноша и нежный сердцем, и все товарищи полюбили его. Были они парни веселые и не любили сидеть на месте. Прозвали они Илью – фанчулла, что значит по-русски – девочка, и насильно водили его в трактиры и на танцы, где собирались красивые черноглазые девушки. Но не пил Илья красного вина и не провожал девушек. Дивились на него товарищи, а девушки обижались. Только одна из них, продававшая цветы у собора, тихая, маленькая Люческа, была по сердцу, но не посмел Илья сказать ей. Но однажды попросил ее посидеть минутку и угольком нанес на бумагу. Посмеялись над ним товарищи:

– Все равно, она у него и так живая!

Спрашивали Илью:

– Кто ты, Илья? И кто у тебя отец в твоей холодной России?

Стыдно было Илье сказать правду, и он говорил глухо:

– Мой отец маляр, служит у барина.

И еще стыднее было ему, что говорит неправду. А они были все вольные и загадывали, как будут устраивать жизнь свою. Спрашивали Илью:

– А ты, Илья… в Россию свою поедешь?

Он говорил глухо:

– Да, в Россию.

На третьем году написал Илья церковную картину, по заказу от господина кардинала. Хлопнул его по плечу Терминелли, сказал:

– Эта святая Цецилия не хуже Ватиканской! Она лучше, Илья! Она – святая. Нет, ты не раб, Илья!

Поник головой Илья: стало ему от того слова больно. Понял его старый Терминелли, затрепал по плечу, заторопился:

– Я хотел сказать, что ты не берешь от других… Ты – сам!

А потом видел Илья, как отсылали картину кардиналу, а в правом уголку стояла черная подпись: Терминелли.

К концу третьего года стал Терминелли давать Илье

24

выгодную работу: расписывать потолки и стены на подгородних виллах. Триста лир заработал он у виноторговца за одну неделю и еще двести у мясника, которому написал Мадонну. Горячо хвалили его работу. И сказал Терминелли:

– Ты – готовый. Теперь можешь ставить на работе свое имя. Не езди, Илья, в Россию. Там дикари, они ничего не понимают.

Сказал Илья:

– Потому я и хочу ехать.

Сказал удивленный Терминелли:

– Здесь ты будешь богатый, а там тебя могут убить кнутом, как раба!

Тогда посмотрел Илья на Терминелли и сказал с сердцем:

– Да, могут. Но там, если я напишу святую Цецилию, будут радоваться, и рука не подымется на меня с кнутом. А на работе будет стоять мое имя – Илья Шаронов.

Понял Терминелли и устыдился. Дал Илье пятьсот лир, но Илья не взял.

Сказал Терминелли:

– Вот ты раб, а гордый. Трудно тебе будет у твоего господина. Оставайся, я дам тебе самую большую плату.

Но не хотел никакой платы Илья: томила его тоска по родному.

Все радостное и светлое было в теплом краю, где он жил. Грубого слова, ни окрика не услыхал он за эти три года. Ни одной слезы не видал и думал – счастливая сторона какая. Песен веселых много послушал он: пели на улицах, и на площадях, и на деревенских дорогах, и по садам, и в полях. Везде пели. А были дни праздников – тогда и пели, и кидали цветами. А за крестным ходом – видел Илья не раз – выпускали голубей чистых и жгли огни с выстрелами: радовались.

Но еще больше тянула душа на родину.

Многое множество цветов было кругом – белые и розовые сады видел Илья весною: и лилии белые, тихие цветы мучеников, и маленькие фиалки, и душистая белая акация, миндаль и персик, пахучие, сладкие цветы апельсинных и лимонных деревьев, и еще многое множество роз всякого цвета.

Но весной до тоски тянула душа на родину.

Помнил Илья тихие яблочные сады по весне, милую калину, как снегом заметанные черемухи и убранные ягодами раскидистые рябины. Помнил синие колокольчики на лесных полянах, восковые свечи ладанной любки, малиновые глазки-звездочки липкой смолянки и пушистые георгины, которыми убирают Животворящий Крест. И снеговые сугробы помнил, вьюжные пути и ледяные навесы в соснах. Помнил гул осенних лесов, визг и скрип санный в полях и звонкий и гулкий, как колокол, голос мороза в бревнах. Весенние грозы в светлых полях и ласковую, милую с детства радугу.

Бедную церковь видел Илья за тысячи верст, и не манили его богатые, в небо тянувшиеся соборы. Закутку в церкви своей помнил Илья, побитую жестяную купель и выцелованные понизу дощатые иконы в полинялых лентах. Сумрачные лица смотрели за тысячи верст, лохматые головы не уходили из памяти. Ночью просыпался Илья после родного сна и тосковал в одиноких думах.

Два письма получил он от барина: требовал барин на работу. Тогда заколебался Илья: новая душа у него теперь, не сможет терпеть, что терпел и что терпят другие, темные. Откладывал день отъезда. Да еще раз позвал его старый Терминелли и смутил богатой работой: звал его на княжескую виллу, работать в паре.

Сказал строго:

– Ты, Илья, человек неблагодарный. Твою работу будет видеть король Неаполитанский! Ты сумасшедший парень, русский Илья! Я положу тебе тысячу лир в месяц! Подумай. Придет время, и я даю тебе слово: будешь писать портрет самого святейшего отца папы!.. Честь эта выпадает редко.

Смутилась душа Ильи, и сказал он:

– Дайте подумаю.

Тут случилось: сон увидел Илья.

Увидал Высоко-Владычний монастырь с садами, будто смотрит с горы, от леса. Выходит народ из монастыря с хоругвями. Тогда спустился Илья с горы, и пошел с народом, и пел пасхальное. Потом за старой иконой прошел в собор – и не стало народу. И увидел Илья с трепетом голые стены с осыпающейся на глазах известкой, кучи мусора на земле и гнезда икон – мерзость и запустение. Заплакал Илья и сказал в горе: «Господи, кто же это?» Но не получил ответа. Тогда поднял он лицо свое к Богу Саваофу и увидал на зыбкой дощечке незнаемого старца с кистью. Спросил его: «Кто так надругался над святыней?» Сказал старец: «Иди, Илья! Не надругался никто, а новую роспись делаем, по слову Господню». Тогда подумал Илья, что надо взять кисти и палитру и сказать, что надо Арефия на работу, а то мало… И запел радостно: «Красуйся, ликуй и радуйся!..»

И проснулся. Слышал, просыпаясь, как пел со слезами. И мокры были глаза его. Сказал твердо: домой поеду, было это мне вразумление.

И отказался от почетной работы.

А вечером пошел в маленькую старенькую церковку, на окраине, у мутного Тибра: чем-то она была похожа на его родную церковь. Часто выстаивал он там вечерню и любовался на стенное писание: «Последнее Воскресение». Стоял перед Богоматерью в нише, тоскующий и смятенный, и вопрошал: надо ли ему ехать? И услыхал восклицание: «Pax vobiscum!»

Слово это – мир вам! – принял Илья как отпуск. А как вышел из церкви, увидал хроменького старичка с ведерком и кистью, вспомнил отца и подумал: «Это мне указание».

Собрал нажитое, что было, и в конце марта месяца – стояла весна цветущая – тронулся в путь-дорогу на корабле. Вспомнил слово Арефия: «Плавать тебе, Илья, по большому морю!»

И укрепился.

VIII

В торговом городе, который назывался Генуя, сел Илья на большой корабль в парусах, – было у него имя – «Летеция»; значило это имя – радость. И в этом имени добрый знак уразумел Илья.

Товар радостный вез тот корабль: цветное венецианское стекло, тонкие кружева, бархат и шелк, инжир и сладкие финики, и целые горы ящиков с душистыми апельсинами. Черные греки и веселые итальянцы были на нем корабельщики и пели песни: радовались, что счастливый ветер. Полными парусами набирал корабль ветер, белой раздутой грудью, – только шипели волны. Сидел все дни на носу Илья – любовался морем, ловил глазами. Во многие гавани заходил корабль, чтобы взять товары: коринку, миндаль, бочки вина и пузатые кипы шерсти.

Радовался на все Илья и думал: сколько всего на свете! Сколько всяких людей и товаров – как звезд на небе. Сколько радости на земле! Думал: не случись доброго Арефия – и не знал бы. В радости светлой плыл он морями, под теплым солнцем, и, как в духовной работе, напевал незабываемое: «Красуйся, ликуй и радуйся, Иерусалиме!..»

У берегов греческих поднялась черная буря и стало швырять корабль, но не испугался Илья: как равный, стал помогать корабельщикам свертывать паруса и тянуть канаты. Работал – и не заметил, как пронесло бурю, и опять засияло солнце. Усталый, уснул Илья на горке сырых канатов и видел сон. Едет он на корабле мимо зеленого острова, стоит на носу, у якоря, и видит: плывут от острова к кораблю лодки под косыми красными парусами, а в лодках народ всякий. Стали подходить лодки, и увидал Илья, что не греки и не итальянцы, а свои, ляпуновские, всё: Спиридошка-повар, Панфил-шорник, конюх Андрон, бурмистр Козутоп Иваныч и другие. Плывут и машут. Тогда закричал Илья, чтобы опускали якорь. Загрохотал якорь…

Проснулся Илья и слышит, что опускают якорь. Пришел корабль в незнакомый город. Раздумался о своем сне Илья – какую картину видел! К чему бы это?

Вышел на пристань, смотрел, как турки, в красных обвязках по голове, таскали на корабль ящики с табаком и бочонки с оливковым маслом. Подивился их силе. Поразил его огромный турок в феске с кисточкой, с волосатыми руками: по три ящика взваливал себе на спину тот турок и весело посмеивался зубами. Был он за старшего, показалось Илье: ходил в голове всей цепи. И задрожало у Ильи сердце, крикнул он, не помня себя от радости:

– Панфил!! Панфил-шорник!!

Нес силач-турок на спине груду ящиков. Услыхал голос, выпрямился в свой рост, полетели ящики на землю и разбились о камни: посыпался из них сухой чернослив и синий изюм – кувшинный.

Радостно-нежданная была та встреча. Сказал Панфил, что ушел тогда из России к православным болгарам, работал на кукурузе, а вот другой год у турок товары грузит. Все лучше, чем в господской власти. И по-ихнему говорить умеет, и белого хлеба вволю.

Спрашивал Илья про Сафо-Соньку. Не знал про нее Панфил, пожалел:

– Свели ее куда в дом веселый. Девок барских у нас много, от хорошей жизни.

Рассказал Панфил, что копит деньги, возьмет землю в аренду и думает жениться. Сказал:

– Жить, Илья, везде можно, лишь бы воля. А ты сам в кабалу лезешь.

Пообедал Илья с Панфилом, поел вареной баранины с чесноком на блине-чуреке и все дивился: совсем стал Панфил турком: табак курит из бумажки и пьет кофе. Сказал Панфил:

– Земля-то одна – Божья. Оставайся, Илья. Выдадут тебе настоящий турецкий пачпорт.

Вспомнил Илья про сон, рассказал Панфилу. Задумался Панфил:

– Вот что… И тятеньку видал, значит. Может, поди, и помер… Скажи ему, жив я… Отвези ему табаку настоящего, турецкого.

Вспомнил Илья Панфилова отца, старого кузнечного мастера Ивана Силу. Стал жалеть: старый Иван горюет. Заморгал Панфил, тронул кулаком глаз. Сказал глухо:

– Сам сны вижу. Ворочусь, когда будет воля.

Повел Илью на базар, купил в подарок отцу теплую рубаху и медную трубку.

– Скажи, что живу ладно, не пьянствую. А в кабалу не желаю.

Пошел корабль дальше. Стало Илье грустно от этой нежданной встречи. Все думал: в турках живет Панфил – и доволен. И стало ему горько: совсем черной показалась ему жизнь, на которую добровольно едет. И еще подумал: нет, это все искушение мне, вот и буря пугала. Вечером помолился Илья на западающее солнце и укрепился.

Не было больше искушений.

Двадцать два года исполнилось Илье, когда вернулся он в Ляпуново.

IX

А в Ляпунове за это время многое изменилось. Сломали старую церковь и возвели новую, пошире, вывели широкий и низкий купол и поставили малый крест. И стала церковь похожа на каравай. Прежняя была лучше.

Помер маляр Терешка, и кузнец Иван Сила – сгорел от вина и горя: тосковал по сыну. Некому было отдать гостинцы. Помер и Спиридоша-повар, и конюх Андрон, и еще многие. Рад был Илья, что еще жива тетка Агафья.

Жил теперь Илья на скотном дворе, во флигельке, – на воле. Когда вернулся, призвал его на крыльцо барин и удивился:

– Ну, здравствуй, Илья. Тебя и не узнаешь! Будто барин… Стал ты красивый малый! Ну, спасибо.

Похвалил привезенную в подарок картину – «Препоясание апостола Петра», – давал за нее Илье триста лир содержатель таверны, – и приказал повесить в банкетной зале. Похвалил, что справил себе Илья хорошую одежу – сюртук табачного цвета, с бархатными бочками, жилет из голубого манчестера и серые клетчатые брюки.

30

– Теперь можешь показаться гостям с приятностью.

Похвалил и за разумное поведение:

– Так и думал: сопьется мой Илья с этими беспутными итальянцами! А ты вон какой оказался. Будь покоен, я твоих трудов не забуду. Стало мне твое обучение за тысячу серебра, вот и распишешь церковь. А там увидим.

Обед велел брать артельный и еще, как награду, отпускать с барского стола сладкое кушанье: привык, небось к разным макаронам!

А самая большая перемена была, что женился барин, и другой год, как родился у него наследник. Взял из Вышата-Темного, из рода господ Вышатовых, красавицу. Собиралась она после отцовой смерти в монастырь уйти, а барин тут и присватался. Узнал Илья, что молодая барыня тихая и ласковая, никогда от нее плохого слова не слышат. В своем Вышатове дом отдала мужикам под стариков и сирот, хоть и сердился барин. Рассказывали Илье, что и барин переменился: стал совсем тихий и ходит за барыней по нитке: все баловство бросил.

Вот что рассказывали Илье про эту женитьбу.

В самый тот год, как повез барин Илью в науку, приехал зимой нежданно барин Вышатов из Питера с дочкою Настасьей Павловной и тут же наказал строго-настрого всем говорить, что пустой стоит дом, а его нет здесь и не было. Так целый год и таился, ни сам ни к кому не ездил, ни к себе не пускал. Ото всего хоронился. Все окошки позанавешал, все двери позаколотил и не выходил во двор даже. И барышню никуда не допускал. Только выйдет она по саду прогуляться, а он высунет голову в чердачок и кричит не своим голосом: «Ой, Настенька, воротись назад!» Кругом дома высокий забор с гвоздями приказал поставить, а на ворота тройные засовы с замчищами. Даже и в монастырь в самые большие праздники ни барышню не пускал, ни сам не ездил, хоть и совсем рядом. А разбойников все опасался! В окошки решетки железные вправил сам – не доверил людям. Вот раз и приехал к нему капитан-исправник по важному делу, какие-то деньги платить барину требовалось. Стал настоятельно стучать в ворота, а барин выскочил к нему с пистолетом, встал на ворота и кричит: «Можете убить меня, а не отдам кровь! Доложите пославшему!» Совсем как ума решился. Так и уехал капитан-исправник, не похлебал. А барин Вышатов всю ночь на пороге прокараулил. И другую ночь все караул у забора нес, а к утру подняли его без памяти на крыльце. Так и отошел без памяти. Хоронили в монастыре, барин Ляпунов все хлопоты на себя принял и сироту утешал.

Потом тетка приехала, хотела к себе везти, в город Пензу. А барин что ни день – в Вышатово. Будто бы даже на коленях перед сиротой становился, в грудь кулаком бил. «Вы, – говорит, – сирота, и я сирота!» Вот так сирота! «Я, – говорит, – в пух вас буду пеленать-покоить!» Мундир свой военный вынул, саблю повесил – прямо и не узнать. Ну, конечно, тетка тут за него встала. По-французски говорить принялся, всех девок своих распустил, книжки почал возить для барышни... А она будто все не хотела. Был слух, что в Питере-то к ней сам великий князь сватался, ну, конечно, ей как обидно! А покорилась. На четвертой неделе поста папенька помер, а к Покрову свадьбу справили.

Видел Илья, что переменился барин: ходил уже не в халате, а в бархатном сюртуке-фраке малинового покроя, и духами от него пахло. Когда надевал власяницу, приказал всех лебедей порезать: «Это, – говорил, – язычники только лебедями занимаются». Теперь опять белые лебеди плавали на тихой воде прудов и кричали тоскливо в гулком парке.

Жил Илья на скотном дворе, во флигелечке. Не призывал его к себе барин. Ходил Илья смотреть церковь, прикидывал план работы. Старый иконостас стоял в ней, и смотрела она пустынно выбеленными стенами. Проверил Илья штукатурку: хорошо, гладко положена, ни бугорков, ни морщинки – только работай. Но не призывал барин. Стали посмеиваться над Ильей люди, говорили:

– Ишь ты, ба-рин! Подольстился к барину – бока належивает, морду себе нагуливает, марькизь вшивый! Мы тут сто потов спустили, а он по морям катался, картинками занимался.

Заходили к Илье, оглядывали стены.

– Картинками занимаешься. Ишь долю себе какую вымолил. В господа, что ль, выходишь? Просись, вольную тебе даст барин.

Говорил им Илья, затаив горечь:

– Обучался я там, чтобы расписать для вас церковь. Вот буду…

– Для барина. А для нас и старой было довольно.

– Нет, для вас. Для вас только и работал. Для вас вернулся, – говорил Илья с сердцем. – Остался бы там – не слыхал бы обидных слов ваших.

Не верили ему люди.

Захаживала к нему старая Агафья, тетка. Сокрушалась:

– Лучше бы ты, Илюшечка, там остался. А то что ж ты теперь – ни Богу свечка, ни этому кочережка. Смеются на тебя и девки. На какое же тебе положение выходит?

Молчал Илья. Принимался рассказывать старой Агафье про разные чудеса. Не верила Агафья.

Сердились на Илью девки: и не смотрит. Намекал бурмистр Козутоп тетке, что по сердцу он его дочке, выхлопочет у барина, возьмет к себе в дом зятем: слыхал бурмистр от самого барина, что теперь большие деньги может заработать Илья иконами.

И на это молчал Илья. Надевал свою шляпу-итальянку, ходил в парке, садился на берегу, вспоминал прошлое. А все не призывал барин. Тогда пошел Илья к барину, доложился через обученного камердинера Стефана.

Вышел на крыльцо барин, сказал, что забыл про церковную работу.

– Осмотришь церковь и изобразишь план работы. Потом доложишь.

Подал Илья барину план работы. Повертел барин план работы, сказал, чтобы пустил Илья под куполом к престолу Господню впереди великомученицу Анастасию, а не первомученика Стефана, похвалил, что не забыл Илья преподобному Сергию положить видное место – Сергий был его ангел, – и сказал:

– Теперь знай работай.

И встал Илья на работу.

Х

Прошло лето, пошли осенние холода с дождями. Задымились риги, ударили морозы, и стала промерзать церковь. Пошел Илья доложиться, что немеют пальцы и надо топить церковь, а то портит иней живописную работу. Стали прогревать церковь. Служились службы – мало кто смотрел на обставленные лесами стены. Часто наведывался Каплюга, пощелкивал языком, хвалил:

– По-новому, Илья, пишешь. Красиво, а строгости-то нету.

Говорил Илья:

– Старое было строгое. Радовать хочу вас, вот и пишу веселых. А будет и строгое… будет…

Обижался Каплюга: гордый стал Илья, иной раз даже и не ответит.

Заходил и барин, глядел написанное. Говорил:

– Важно! Самая итальянская работа. Ты, Илья, над Анастасией особо постарайся, для барыни.

– Для всех стараюсь… – говорил Илья, не оборачиваясь, – в работе.

Строго посмотрел барин и повторил строго:

– Я тебе говорю про Анастасию!

Не ответил Илья, стиснул зубы и еще быстрее заработал. Пожал барин плечами.

– Я тебе, глухому, говорю еще раз… про Анастасию!

Тут швырнул кисть Илья в ящик и сказал:

– Я пишу… и пишу по своей воле. Если моя работа не нравится, сударь, заставьте писать другого. А великомученицу Анастасию я напишу, как знаю!

34

Резко и твердо сказал Илья и твердо взглянул на барина. Усмехнулся барин. Сказал по-особенному:

– Научился говорить вольно?

Сказал Илья:

– В работе своей я волен. Волей своей вернулся – волей и работать буду. Прикажете бросить работу?

– Продолжай… – сказал барин.

И не приходил больше.

Другой год работал Илья бессменно.

Пришла и прошла весна, переломилось лето, и к Ильину дню, престолу, окончил Илья живописную работу. Пришел на крыльцо, сказал камердинеру Стефану:

– Доложи, что работу кончил.

Велел сказать ему барин:

– Придем завтра – посмотрим.

В церковь пошел Илья, разобрал подмостки, встал на самую середину и любовно оглядел стены. Сказала ему душа – «Радуйся, Иерусалиме!» И сказала еще: «Плавать бы тебе, Илья, по большому морю!»

Не было ни души в церкви. Был тогда тихий вечер, и стрижи кружились у церкви. Сказал Илья:

– Кончена работа…

И стало ему грустно.

В цветах и винограде глядели со стен кроткие: Алексей – человек Божий и убогий Лазарь. Сторожили оружием – Михаил Архангел с мечом, Георгий с копьем и со щитом благоверный Александр Невский. Водружали Крест Веры и письмена давали слепым Кирилл и Мефодий. Вдохновенно читали Писание Иван Златоуст, Григорий Богослов и Василий Великий. Глядели и звали лаской Сергий и Савва. А грозный Илья-мужицкий, на высоте, молниями гремел в тучах. Шли под широким куполом к лучезарному престолу Господа святые мученики, мужи и жены – многое множество, – ступали по белым лилиям, под золотым виноградом…

Смотрел Илья, и больше радовалась душа его.

А над входом и по краям его – во всю стену – написал Илья

Страшный последний суд, как в полюбившейся ему церковке у Тибра.

Шли в цепях сильные мира – к Смерти, а со светильниками-свечами, под золотым виноградом, радостно грядущие в Жизнь Вечную.

Шли – голы и босы – блаженные, страстотерпцы, нищие духом, плакавшие и смиренные. Шли они в разноязычной толпе несметной, и, затерявшиеся в веренице светлой, ведомые Илье: и маляр Терешка, и Спиридоша-повар, и утонувший в выгребной яме Архипка-плотник, и кривая Любка, и глупенькая Сафо-Сонька, и живописный мастер Арефий... многое множество.

Смотрел Илья, и еще больше радовалась душа его. И не было полной радости. Знал сокровенно он: нет живого огня, что сладостно опаляет и возносит душу. Перебирал всю работу – и не мог вспомнить, чтобы полыхало сердце.

И чем дольше смотрел Илья – сильней тосковала душа его: да где же сгорающая в великом огне душа? И думал в подымающейся тоске – ужели для этого только покинул волю?

Всю ночь без сна провел он на жесткой койке у себя на скотном, и томили его сомнения. Говорило сердце: не для этой же работы воротился. На ранней заре поднялся Илья и пошел в церковь. Белый туман курился в низинах, по Проточку. Сел Илья на старый могильный камень, положил голову в руки и стал думать: ну, теперь кончена положенная от барина работа... для барина и работал...

И вот, как давно, в яблочном монастырском саду, в охватившей его тяжкой дремоте, сверкнуло перед ним яркой до боли пеной или кипящей водой на мельнице. Миг один вскинул Илья глазами – и в страхе и радости несказанной узнал глянувшие в него глаза. Были они в полнеба, светлые, как лучи зари, радостно опаляющие душу. Таких ни у кого не бывает. На миг блеснули они тихой зарницей и погасли.

В трепете поднялся Илья, смотрел сквозь слезы в розовеющее над туманом небо – в потерянную радость:

– Господи... Твою красоту видел...

Понял тогда Илья: все, что вливалось в его глаза и душу, что обрадовало его во дни жизни, – вот красота Господня. Чуял Илья: все, чего и не видали глаза его, но что есть и вовеки будет, – вот красота Господня. В прозрачном и чутком сне, – видел он, – перекинулась радуга во все небо. Плыли в эти небесные ворота корабли под красными парусами, шумели морские бури; мерцали негасимые лампады-звезды; сверкали снега на неприступных горах; золотые кресты светились над лесными вершинами; грозы гремели, и наплывали из ушедших далей звуки величественного хорала; и белые лилии в далеких садах, и тихие яблочные сады, облитые солнцем, и радость святой Цецилии, покинутой за морями…

В этот блеснувший миг понял Илья трепетным сердцем, как неистощимо богат он и какую имеет силу. Почуял сердцем, что придет, должно прийти то, что радостно опаляет душу.

XI

Выше подымалось солнце. Тогда пошел Илья и надел чистую рубаху – показывать господам работу. Пришел в церковь, и показалось ему, что сегодня праздник. Вышел на погост у церкви, увидал синий цикорий на могиле и посадил в петлицу. Вспомнил, как сдавал на виллах свою работу.

В самый полдень пришли господа осмотреть церковь.

В белом платье была новая госпожа – в первый раз видел ее Илья так близко. Юной и чистой, отроковицей показалась она ему. Белой невестой стояла она посреди церкви, с полевыми цветами. Радостный и смущенный смотрел Илья на ее маленькие ножки в белых туфлях: привык видеть только святые лики. Смотрел на нее Илья – и слышал, как бьется сердце.

Спросила она его, осветив глазами:

– А кто это?

Сказал Илья, оглядывая купол:

– Великомученица Анастасия Рымляныня, именуемая Прекрасная, показана в великом круге мучений.

Она сказала:

– Это мой ангел…

И он ее вдруг увидел.

Увидел всю нежную красоту ее – радостные глаза-звезды, несбыточные, которых ни у кого нет, кроткие черты девственного лица, напомнившие ему его святую Цецилию, совсем розовый рот, детски полуоткрытый, и милое платье, падающее прямыми складками. Он стоял как в очаровании, не слышал, как спрашивает барин:

– А почему перед первоучителем все слепые?

Не Илья, а она сказала:

– Ведь они совсем темные… они еще ничего не знают.

Спросил барин:

– А почему у тебя, Илья, в рай идут больше убогие?

– А ведь правда! – сказала она и осветила глазами.

Показалось Илье, что она смотрит ласково, будто сама сказать хочет. Тогда прошло онемение, будто путы спали с Ильи, и сказал он вольно:

– По Священному Писанию так: «Легче верблюду пройти…» и «блаженни нищие духом…». Так трактовали: Карпаччио…

Но перебил барин:

– Знаю!

А она сказала, опять сияя:

– Мне это нравится… и нравится вся работа.

Как тихие голоса в органе был ее голос, как самая нежная музыка, которую когда-либо слышал Илья, были ее слова. Он, словно поднятый от земли, смотрел на это неземное лицо, лицо еще никем не написанной Мадонны, на ее неопределимые глаза, льющие радостное, казалось ему, сияние. Он не мог теперь отвести взгляда, все забыв, не слыша, что барин уже другой раз спрашивает:

– А почему у Ильи Пророка одежда, как у последнего нищего?

Сказал Илья на крикливый голос:

– Пророки не собирали себе сокровища на земле. Сказано в Книге Пророка…

И опять перебил барин:

– Знаю!

– Все здесь говорит сердцу… – сказала она и осветила глазами. – Вас благодарить надо.

Поклонился Илья стыдливо: были ее слова великой ему наградой. Сказал барин:

– Да, спасибо, Илья. Оправдал ты мое доверие.

И повел барыню. Стоял Илья как во сне, затих-затаился. Смотрел на то место, где стояла она, вся светлая. Увидал на полу полевую гвоздичку, которую она держала в руке, и поднял радостно. И весь день ходил как во сне, не здешний: о ней думал, о госпоже своей светлой. Весь этот будто праздничный день не находил себе места. Выходил на крылечко, смотрел вдоль аллеи парка.

Зашел Каплюга:

– Ты чего, Илья, нонче такой веселый? Похвалили твою работу?

– Да, – сказал Илья, – похвалили.

– Вольную должны дать тебе за такой подвиг… – сказал Каплюга.

Не слыхал Илья: думал о госпоже светлой.

А вечером пришел на скотный двор камердинер и потребовал к барину:

– Велел барин в покои, без докладу.

В сладком трепете шел Илья: боялся и радовался ее увидеть. Но барин сидел один, перекладывал на столе карты. Сказал барин:

– Вот что, Илья. Желает барыня икону своего ангела, великомученицы Анастасии. Уж постарайся.

– Постараюсь! – сказал Илья, счастливый.

Пошел не к себе, а бродил до глубокой ночи у тихих прудов, смотрел на падающие звезды и думал об Анастасии. Крадучись подходил к барскому дому, смотрел на черные окна. Окликнул его Дема-караульщик:

– Чего, марькизь, ходишь? Ай украсть чего хочешь?

Не было обидно Илье. Взял он за плечи горбатого Дему, потряс братски и посмеялся, вспомнил:

– Дема ты Дема – не все у тебя дома, на спине хорома!

Постучал колотушкой, отдал и поцеловал Дему в беззубый рот.

– Не сердись, Дема-братик!

И пошел парком, не зная, что с собой делать. Опять к прудам вышел, спугнул лебедей у каменного причала: спали они, завернув шеи. Поглядел, как размахнулись они в ночную воду. Ходил и ходил по росе, отыскивал в опаленном сердце желанный облик великомученицы Анастасии.

И нашел к утру.

XII

Неделю горела душа Ильи, когда писал он образ великомученицы Анастасии. Не уставно писал, а дал ей белую лилию в ручку, как у святой Цецилии в Миланском соборе.

Смотрела Анастасия, как живая. Дал ей Илья глаза далекого моря и снежный блеск белому покрову – девство. Радостно Илье стало: все дни смотрела она на него кротко.

Зашли господа посмотреть работу. Удивился барин, что готова. Не смея взглянуть, подал Илья своей госпоже икону.

– Как чудесно! – сказала она и по-детски сложила руки. – Это чудо!

Вбирал Илья в свою душу небывающие глаза-звезды.

Сказал барин:

– Теперь вижу, ты, Илья, – мастер заправский. Говори, что тебе дать в награду?

Увидал Илья, как она на него смотрит, и сказал:

– Больше ничего не надо.

Не понял барин, спросил:

– Не было от меня тебе никакой награды… а ты говоришь, чудак, – больше не надо!

Смотрел Илья на госпожу свою, на ее бледные маленькие руки. Все жилки принял в себя, все бледно-розовые ноготки на пальцах. И темные, бархатные брови принял, темные радуги над бездонным морем, и синие звезды, которые не встречал ни на одной картине по галереям. Вливал в себя неземное, чего никогда не бывает в жизни.

– Вы здесь и живете? – спросила она глазами.

Поднял Илья глаза. Сказал:

– Да. Здесь хорошо работать.

Удивился на него барин: чего это отвечает? А она осматривала почерневшие стены с вылезавшей паклей и повешенные работы.

Увидала цветочницу, маленькую Люческу… Спросила:

– А кто эта? какая миленькая девушка.

Вспыхнул Илья под ее взглядом. Сказал смущенно:

– Так… цветы продавала у собора…

Посмеялся барин:

– Тихоня, а… тоже!

Толкнуло Илью в сердце. Не помня себя, рванул он холстик и подал ей:

– Нравится вам… возьмите, барыня.

В первый раз назвал ее так; потом, когда вспоминал все это, краснел-думал: не для нее это слово, для нее – обида.

Она посмотрела, будто залила светом:

– Оставьте у себя. Мне не надо.

Все краски и все листы пересмотрела она. Увидала мученика, прекрасного юношу Себастиана в стрелах, – смотрела, будто молилась. И Илья молился – пресветлому открывшемуся в ней лику. Говорила она – пение слышал он. Обращала к нему глаза – сладостная мука томила душу Ильи.

Ушла она, и осталась мука сильнее смерти. Упал Илья на колючий войлок, жесткое свое ложе, сдавил зубы и облился слезами. Говорил в стонах:

– Господи… на великую муку послано мне испытание! Знаю, не увижу покоя. И нет у меня жизни…

Так пролежал до вечера в сладкой муке. А к вечеру пришли от двора двое – Лукавый и казачок Спирька Быстрый – и принесли деревянную кровать на кривых ножках, два стула, тюфяк из морской травы и пузатую этажерку. Сказал Спирька:

– Так, Илья Терентьич, сама барыня приказала.

А Лукавый Лука прибавил:

– У него, говорит, не комната, а конура собачья! Плывет тебе счастье, Илья. Маслена коту настала. До мяконькова добрался. Поженишься – гляди, и подушку вылежишь с одеялом.

Потрогали пальцами картинки, посмеялись над барином:

– Псалтырем ты его зачитал, Илья, – образами накроешь.

Не сказал им Илья ни одного слова. Остался стоять, закрыл руками лицо, повторяя мыслями:

«Сама… барыня… приказала…»

Смотрел в темноту ночи – и видел ее, светлую госпожу свою. Менялось ее лицо, и смотрела из темноты великомученица, прекрасная Анастасия. И она менялась, и светились несбыточные глаза – два солнца. В сладкой радости-муке упал Илья на колени, припал губами к старому полу, где она стояла, и целовал доски. Всю ночь метался Илья по своей каморке, выходил на крыльцо, слушал, как стрекочут кругом кузнечики в деревьях, как оставшиеся за морем цикады. Спрашивал темноту-тоску:

– Что же?!

Стало светать. Взглянул Илья на присланную кровать – не лег. Жутко было ложиться на посланное ею, будто совершишь святотатство. Лег на войлок и заснул крепко. Проснулся – только-только подымалось за прудами солнце. Пошел на плотину, прошел дальше, к Проточку. Пошел дальше, по монастырской дороге. Лесом шел – пел. Охватывала его радостно тишь лесная. Отозвалось в светлом утре, в чвоканье и посвисте красногузых дятлов и в гулком эхе разгульное. И запел Илья гулевую-лесовую песню:

…Одну-ю и вьюжина не берет!

Вьюжина да метелюга не метет!

Радость неудержимая закрутила Илью. Бил он палкой по гулким соснам и пел. И по сторонам отозывалось гулко и далеко:

Ай, вьюга-метелюга, заметай!..

42

Кончился лес – и увидал Илья белый монастырь над Нырлей, с золочеными главами-репами. Стал Илья на бугре и смотрел жадным, берущим взглядом. На белый простен собора смотрел – на полдень. Свистнул и пошел в монастырь. Сказал казначею:

– Хочу расписать вам стену на полдень – Георгия со Змеем. Хлопочите у барина, а я хоть завтра.

Обрадовалась казначея: знала, как благолепно Илья расписал церковь в Ляпунове.

А через месяц младой Георгий на белом коне победно разил поганого Змея в броне, с головой как бы человека. Дивно прекрасен был юный Георгий – не мужеского и не женского лика, а как ангел в образе человека, с бледным ликом и синими глазами-звездами. Так был прекрасен, что послушницы подолгу простаивали у той стены и стали видеть во сне... И пошло молвой по округе, что на монастырской стене – живой Георгий и даже движет глазами.

XIII

Опять не стало у Ильи работы.

Словно что потерявший, ходил он по аллеям парка в своей итальянской шляпе. Смотрел на небо, на осыпающиеся листья. Сквозило в парке, и ясней забелел теперь длинный господский дом, где по вечерам играли на фортепьянах. Обходил Илья главную аллею.

В красном закате плыли величавые лебеди – розово-золотые в солнце. Отзывался пустынный их крик в парке.

Лебедей рисовал Илья, и осенний остров, и всегда пустую липовую аллею с желтыми ворохами листьев. Каменные плотины писал Илья – вверху и внизу, с черными жерлами истоков. Все было обвеяно печалью.

С тоской думал Илья: вот и зима идет, снегом завалит, и пойдут долгие ночи. Вот уже и птиц не стало, летят гуси за солнцем. Слушал, как посвистывают осеннички-синицы.

Редко выпадало счастье, когда в барском доме играли на фортепьянах.

Слышал Илья – опять заскучал барин. Говорили, будто ездить начал на хутор, где жили «на полотнянке» девки. И не верил.

Сидел раз Илья у каменного причала, зарисовывал от нечего делать: нарисовал мосточки и одинокую лодку: о своей судьбе думал. А что же дальше? И стало ему до боли тоскливо, что не остался у Терминелли. Старые камни вспомнил, белые дороги, веселые лица, соборы, радостные песни и тихую маленькую Люческу с цветами. Подумал: там бы и жил, и работал. И Панфила с ящиками вспомнил, как ели баранину и сидели у моря, свесив ноги. «Выправил бы себе настоящий турецкий пачпорт!» В тоске думал Илья: расписал им церковь, а никому и не нужно. Верно, что и старой было довольно. Да, верно: ни Богу свечка, ни этому кочережка!

Навалилась тоска, и в этой тоске нашел Илья выход: просить барина назначить откуп.

Тут Илья услыхал шелест и оглянулся. На широкой аллее к дому стояла она белым видением, в косом солнце, держала за ошейник любимую белую борзую. Встал Илья и поклонился.

Она сказала:

– Здравствуйте, Илья…

Голос ее показался Илье печальным. Он стоял, не зная, что ему делать – пойти или так остаться. И она стояла на желтых листьях, поглаживая борзую. С минуту так постояли они оба, не раз встречаясь глазами. Как на солнце, смотрел Илья, как на красоту, сошедшую с неба, смотрел, затаив дыхание.

– Вы скучаете, милый Илья… Теперь у вас нет работы?..

– Да, у меня нет работы… – сказал Илья, перебирая поля шляпы.

Тогда она подошла ближе и сказала тихо:

– Я понимаю, Илья… Вы должны получить волю.

Вскинул глаза Илья, обнял ее глазами и сказал с болью:

– Зачем мне воля?!

Взглянул на нее Илья – один миг, – и сказал этот взгляд его

больше, чем скажет слово. Долгим, глубоким взглядом сказала она ему, и увидал он в нем и смущенье, и сожаление, и еще что-то… Радость? Словно она в первый раз узнала и поняла его, юношески прекрасного, с нежно ласкающими глазами, которые влекли к нему девушек за морями. Смело, как никогда раньше, посмотрел на нее Илья захотевшими жить глазами.

Миг один смотрел Илья на нее и опустил глаза, и она только миг сказала, что знает это. Опять услыхал Илья шелест листьев, увидал, как мягко играет белое ее платье и маленькая рука тянет ошейник порывающейся борзой. Смотрел – и в движении ее видел, что она о нем думает. Смотрел вслед ей, пока не повернула она в крестовую аллею. Думал: оглянется? Если бы оглянулась!

Не оглянулась она.

XIV

На Рождество Богородицы пошел в монастырь Илья, как ходил в прежнее время. Всегда была ему от монастыря радость. Пошел барином: надел серые брюки в клетку, жилет из голубого манчестера и сюртук табачного цвета, с бархатными бочками. Остановился на плотине, увидал себя в светлой воде и усмехнулся – вот он, маркиз-то!

Раскинулась под монастырем знакомая ярмарка. Подмонастырная луговина и торговая площадь села Рождествина зачернела народом. Торговали по балаганам наезжие торгаши китайкой и кумачом, цветастыми платками и пропуск Медом, имбирем и мятой пахло сладко от белых ящиков со сладким товаром: всякими пряниками – петухами и рыбками, сухим черносливом, изюмом и шепталой кавказской, яблочной пастилой и ореховым жмыхом. Селом стояли воза с желтой и синей репой, мытой и алой морковью, с лесным новым орехом и вымолоченным горохом. Наклали мужики лесовые белые горы саней и корыт, капустных и огуречных кадок, лопат, грабель, борон и веселого свежего щепного товару. Под белые стены подобрались яблошники с возами вощеной желтой антоновки и яркого аниса с барских садов. К кабакам и трактирам понавели на коновязи, к навозу, лошадей с заводов, и бродячий цыганский табор стучал по медным тазам и сверкал глазами и серебром в пестрой рвани.

Ходил и смотрел Илья, вспоминал, как бывало в детстве. И теперь то же было. Яркой фольгой и лаком резал глаз торговый «святой» товар из-под Холуя, рядками смотрели все одинаковые: Миколы, Казанские, Рождества – самые ходовые бога.

С улыбкой глядел Илья на строгие лики, одетые розовыми веночками, и вспоминал радостного Арефия. Купил синей и желтой репы, вспомнил, как обдирал зубами, – не приходила былая радость. Купил «кузнецов» любимых – мужика с медведем, пощелкал и подарил жадно глядевшему на него ротастому мальчишке. Был и за крестным ходом, смотрел, как пролезали под чтимую икону старики, бабы и девушки, валились на грязь с ребятами, давили пальцы. Смотрел на взывающие деревянные и натуженные лица и вздрагивающие губы. Слушал тяжкие вздохи, стоны и выкрики, ругань и пугающие голоса: «Батюшки, задавили!»

Видел «пьяный долок», под монастырской стеной, куда, для порядка, дотаскивали упившихся и укладывали в лопухи. Все тот же лысый давний старик сидел на пеньке, с багровой шишкой у глаза, – стерег-оберегал пьяниц и получал грошики.

Видел Илья у монастырских ворот – под завешанными, всегда урожайными рябинами – городок Божий: сидела рядами всякая калечь, гнусила, ныла, показывала свои язвы и изъяны и жалобила богомольных. Узнал Илья Петьку Паршивого, с вывернутыми кровяными веками, и Гусака, который испугал его в детстве: не говорил Гусак, а шипел, вытягивал длинную, в руку, шею. С болью и отвращением проходил Илья мимо «Божьего городка», а ему вслед тянули: «Ба-а-рин, милостинку подай, ба-а-рин…»

Барином называли Илью торговцы, а знакомые мужики с завистью и усмешкой говорили:

– Марькизю почет! Может, лошадку купить желательно?

Останавливали Илью гулящие девки в ярких сарафанах, с платочками, запавшими на затылок, – смеялись:

– Илюша-милюша... румяный мальчик, пойдем в сарайчик!

Хмельные они были, казенные и барские солдатки с большого тракта, ходили цветастой гулевой стайкой, наяривали заезжих. Бегали за ними подростки, подергивали за накрахмаленные сарафаны и дразнились. Отплевывались от них бабы, а мужики хмуро сторонились. Помнил Илья двух из них – Лизутку Мачихину с казенного села Мытки и Ясную Пашу.

А теперь были новые, и все приставали к нему и называли Илюшей. Полыхало от них на Илью соблазном.

И про них думал Илья – несчастные. И про калечь, и про «пьяный долок». Не облегчила ему тоски ярмарка. Отошел Илья на бугорок, повыше, где сворачивают от лесу, и смотрел на луговину и навозную площадь, по которой все еще носили почитаемую икону. Вспомнилось ему, как за морями носили на палках белые статуи, шли чинно монахи, опоясанные веревками, и выпускались – взлетали белые голуби... И пожалел, зачем не остался там: там светлее.

Подошла к нему старая грязная цыганка-ведьма. Запела:

– Сушит тебя любовь, красавчик-корольчик... Дай, счастлив, на руку, скажу правду.

Дал ей Илья пятак, чтобы отвязалась. Сказала цыганка:

– Краля твоя тоскует, милого во сне целует. Делать тебе нечева, погоди до вечера.

И пошла, позванивая полтинками.

Собирался Илья идти домой, на свою скуку. Уже поднялся – услыхал за собой на мосточке топот и визгливый окрик на лошадей мальчика-форейтора: вскачь пронеслась сыпучими песками господская синяя коляска. Узнал Илья, и захолонуло сердце: в голубой шляпе с лентами, с букетом осенних цветов – георгин, бархатцев и душистого горошка – одна сидела в ней его молодая госпожа; везла цветы для иконы. Следил Илья за голубым пятнышком, двигавшимся между белыми ворохами саней и телег с репой, пока не проехала коляска монастырские ворота. Как раз ударили к поздней обедне и понесли с площади икону.

Три часа просидел Илья на мосточке, у дороги. Пестрела перед глазами ярмарка кумачом, чернотой и свежими ворохами на солнце, а голубое пятнышко не пропадало – осталось в глазах, как кусочек открывшегося неба. «Светлая моя, – говорил Илья к монастырским стенам, – радостная моя!» Словами, которые только знал, называл ее, как безумный, кроме нее уже ничего не видя. Сладким ядом поил себя, вызывая ее глаза, пил из них светлую ее душу и опьянялся. До слез, до боли вызывал ее в мыслях и целовал втайне. Три часа, томясь сладко, прождал Илья у дороги.

И вот, когда увидал, что выехала из монастырских ворот синяя коляска, с краснорукавным кучером Якимом и радостным голубым пятнышком, сошел с дороги и схоронился в кусты орешника на опушке. Через просветик жадно следил, как вползала коляска по сыпучему косогору, как полулежала на подушках его молодая госпожа, глядела в небо. Жадно глядел Илья на нее, бесценную свою радость, и лобызал глазами. Тихо проползла коляска песками, совсем близко. Даже темную родинку видел Илья на шее, даже полуопущенные выгнутые ресницы, даже подымающиеся от дыхания на груди ленты и детские губки. Как божество, провожал Илья взглядом поскрипывающую по песку синюю коляску, теряющуюся в соснах. Вышел на дорогу, смотрел на осыпающийся след на песке и слушал, как постукивают на корнях колеса.

XV

Спать собирался Илья ложиться, нечего было делать, – ночь темная. Пошел дождь, зашумело лесом. Тут постучали в окошко; пришел Спирька Быстрый, сказал, что требует к себе барин. Всколыхнуло Илью – обрадовало и испугало.

Сидели господа в спальной, у камина, грелись. Полыхала Львиная Пасть-морда сосновыми дровами. Красным огнем полыхали стены, и розовая была широкая пышная постель под атласным покровом. Пушистый красный ковер увидал Илья, букетами, старинный, самый тот, что был при цыганке. Остановился у дверей, в коридоре, постеснялся войти. Но барин позвал его из коридора:

– Только оботри ноги!

Вошел Илья и остановился у двери. Барин сидел в глубоком кожаном кресле и похрустывал белою кочерыжкой: лежали они грудкой на тарелке. А госпожа лежала на покатом бархатном кресле и грела ноги. Красные, золотом вышитые шлепанки-туфли сперва увидал Илья в ярком свете, на стеганой подставке. Потом увидал тонкие розовые чулочки и бело-золотистый, словно из парчи, халатик в лентах; потом розовые тонкие руки в коленях, пышные косы, кинутые на грудь, и лицо. Устало смотрела она в огонь – дремала. Сон прекрасный видел Илья: сказочную царевну.

Молча поклонился Илья к камину. Сказал барин:

– Вот что, Илья… Слышал я, что думаешь откупаться?

Хотел было Илья сказать, но барин показал пальцем – слушай.

– Сам понимаю, что тебе трудно. Какая у меня тебе работа? И потом… барыня за тебя просила…

Молча, чтобы не дрожал голос, поклонился Илья, почувствовал, как накипают слезы. Неотрывно смотрел на тихое бледное розовеющее лицо, как у спящей. И вот дрогнули темные ресницы и поднялись. Новые глаза, темные от огня, взглянули на Илью, коснулись его нежно и опять закрылись.

– Вольную ты получишь. Видела барыня сегодня в монастыре твою работу, Георгия Победоносца… Понравилось ей. Говорит, лицо необыкновенное…

Неотрывно смотрел Илья на светлую госпожу свою. Все так же она лежала, и от полыхающего огня словно вздрагивали ее ресницы. А как сказал барин, что лицо необыкновенное, опять увидал Илья: поднялись ресницы и она смотрит. Радостно-

49

благодарящий был этот взгляд, ласкающий и теплый. Похолодел и замер Илья и опустил глаза на огонь.

А она сказала:

– Вы, Илья, удивительно пишете. И вот у меня к вам просьба…

Вздрогнул Илья от ее голоса, но сказал барин:

– Просьба не просьба, а… постарайся напоследок… Барыня желает, чтобы написал ты ее портрет… Можешь?

Сразу не мог ответить Илья, но собрал силы и сказал чуть слышно:

– Постараюсь…

Сам слышал – будто не его голос. Посмотрел барин на Илью:

– Так вот. Можешь?

И она сказала:

– Видите, Илья… Я хочу, чтобы…

Но ее перебил барин:

– Так вот. Можешь?

В жар кинуло Илью, что перебил барин. Стояло в комнате живое, ее, слово: «Я хочу, чтобы…» Чего она хотела?!

И сказал Илья твердо:

– Могу.

И посмотрел на нее свободно, как недавно, в парке. Упали путы с души, и почувствовал он себя вольным и сильным. Спросил смело:

– Завтра начать можно?

Порешили на завтра. Сказал Илья:

– Буду писать в банкетной, на полном свете.

Взглянул на нее и еще смелее сказал:

– У госпожи бледное лицо. Для жизни лица лучше темное одеяние, черное или морского тона…

Ее лицо осветилось, и она сказала:

– Я так и хотела.

И удивился Илья – вмиг она стала совсем другая, еще прекрасней.

Нашел Илья силу принять великое испытание. Шел под

дождем на скотный, нес ее светлый взгляд и повторял в дрожи, ломая себе пальцы:

– Напишу тебя, не бывшая никогда! И будешь!

XVI

С того часу начались для Ильи сладостные мучения, светло опаляющие душу.

Всю ночь не смыкал он глаз. В трепете и томлении ходил он в тесной своей клетушке и то становился в углу перед иконкой, старой, черной, без лика, после отца оставшейся, и сжимал руки; то смотрел в темные стены, отыскивая что-то далекое, чему и имени не было, но что было; то торопливо промывал кисти, готовил краски и отчищал палитру. Вынул надежный холст, ватиканский, верный, и закрепил на подрамник. И то обнимал его страх темный, то радость безмерная замирала в сердце.

Только перед рассветом забылся он в чутком сне и вскочил на постукиванье в окошко. Но не было никого за окошком: дождь стучался. Сердито глядел Илья на небо – тучи-тучи. Но к утру подуло ветром, и сплыли тучи. Пошел Илья в дом при солнце.

Бледный, с горячими глазами, дрожащими руками, готовился Илья к работе в банкетной зале. Боялся ее увидеть. Но напрасна была его тревога. Вышла молодая госпожа и сказала приветливо:

– Здравствуйте, милый Илья. Что с вами? не больны вы?..

Поклонился Илья, сказал невнятно и начал свою работу. Взглядом одним окинул милое черное платье, стыдливые худенькие плечи и будто утончившееся со вчерашнего дня лицо с тенями. Новое сияние глаз увидал Илья, как сияние моря в ветре, – сияние тихой грусти. Подумал: другие глаза стали. И стали они другие, когда стал бросать углем, – менялись: радостные они были. Она спросила:

– Надо сидеть покойно?

Но не слыхал Илья слов, и она спросила еще. Он ответил:

– Нет, пожалуйста, говорите…

Дрожал его голос и рука с углем. Теперь он неотрывно глядел в лицо ее, вырванное из жизни и отданное ему – ему только. Теперь он пил неустанно из ее менявшихся глаз, первых глаз, которые так сияли. Тысячи глаз видел он на полотнах по галереям, любовно взятых у жизни, но таких не было ни у одной Мадонны. Необъятность видел Илья в темнеющей глубине их – необъятность святого света. Не мог он назвать, что видел. Радость? Но и печаль, светлую грусть в них чуял Илья, и была эта грусть прекрасна. Небывающую красоту, все, что должно бы быть и осветить жизнь и чего не было в жизни, видел Илья.

Пришел барин, сказал: довольно, пора обедать.

День за днем потянулась эта радостно опаляющая душу пытка. Не жил эти дни Илья, не прикасался к пище, и только кусок хлеба и кружка воды поддерживали его силы. Она приходила к нему в коротком тревожном сне, меняющаяся: то в пурпуре великомученицы Варвары, то в светлой одежде святой Цецилии, то в одеянии Рубенсовской Мадонны. Приникала к нему во сне полуобнаженная, в пышных тканях прекрасной венецианки, то манила его в аллеях, то лежала раскинутой на греховном ложе. В сладострастной истоме пил Илья ее любовь по ночам – бесплотную, и приходил к ней, не смея взглянуть на чистую.

Спрашивала она с тревогой:

– Милый Илья, что с вами? вы устали?

Говорил Илья с болью – за ее тревогу:

– Я здоров, что вы…

Он уже не смотрел на менявшееся лицо ее. Знал его, новое, и ее, созданное ночами.

Спрашивала она – он вздрагивал от ее голоса. Говорил – и не помнил. Отвечал – и не понимал.

Но бывали минуты, когда он складывал перед нею руки и смотрел, забывая все. Бывали еще мгновения, когда обнимал он ее всю взглядом, прорвавшеюся в глаза страстью. Она отводила взгляд, прятала шею и собирала плечи. Он приходил в себя и бросал работу.

Ночью безумствовал Илья в своей клетушке. Он молитвенно складывал руки перед ее – новым – ликом, падал перед ним на колени и ласкал словами. А только вливалось утро – вкладывал новое, озарившее его ночью.

Был это лик нездешний. Не холст взял Илья, а, озаренный опаляющей душу силой, взял заготовленную для церковной работы доску. Иной смотрела она, радость неиспиваемая, претворенная его мукой. Защитой светлой явилась она ему, оплотом от покорявшей его плотской силы. Девственно чистой рождалась она в ночах – святая.

Все, что когда-то узнал Илья: радости и страдания, земля и небо и что на них; жизнь в потемках и та, далекая, за морями; все, что вливалось в душу, – творило в Илье этот второй образ.

Силой, что дали Илье зарницы Бога, небывающие глаза – в полнеба; озаряющие зарницы, что открылись ему в тиши рассвета и радостно опалили душу: силой этой творился ее неземной облик. Небо, земля и море, тоска ночная и боли жизни, все, чем жил он, – все влил Илья в этот чудесный облик. Стояло в глазах – и не могло излиться. Огромное было в глазах, как безмерная самая короткая жизнь даже незаметного человека.

Две их было: в черном платье, с ее лицом и радостно плещущими глазами, трепетная и желанная, – и другая, которая умереть не может.

И вот на двадцатый день кончил Илья работу. Сказал госпоже своей:

– Вот, кончена моя работа…

И ему стало больно.

А она, радостная, сложила по-детски руки, смотрела и говорила:

– Какая прекрасная… я ли это?!

Не было барина – уехал на охоту. Илья стал собирать кисти.

Она сказала:

– Илья… это вы сделали для меня, я знаю. Я хотела иметь вашу работу. Она сохранит меня для моего ребенка…

И тут увидал Илья, как ее глаза потемнели скорбью и горько сложились губы. Словами сказал:

– Сладко было мне писать ваш образ!

А взглядом сказал другое. Робко взглянула она. Этот взгляд принял Илья в награду.

XVII

Вернулся барин с охоты – а говорили, что и с «полотнянки», – выполнил обещание. Получил Илья волю по законной бумаге. Спрашивали Илью дворовые:

– Куда же ты определишь себя, Илья?

И удивлялись, что не думает Илья ехать на вольную работу. Иные говорили:

– Тепло ему сидеть на нашей шее!

Говорил им Каплюга:

– Дураки вы, дубье! Да вам его чтить как надо! Взял, один, такой труд на себя, расписал вам церковь! Два года почитай работал! А вы: тепло ему на нашей шее!

Не хотел Илья никуда ехать. Осень – куда поедешь! Пошел к барину – спасибо, сказал, за волю. Попросил, не разрешит ли пока до весны остаться. Разрешил барин:

– Живи, Илья, хоть до смерти! Это твое право.

Подивился Илья: стал ему носить Спирька Быстрый барское кушанье.

Спросил Спирьку:

– Скажи, кто приказал тебе кушанье мне носить?

Ухмыльнулся Спирька:

– А барыня так наказала.

Помялся-потоптался и прибавил:

– А барин опять к девкам своим уехал. Барыня-то, никак, больно скучает…

Сладко заныло сердце Ильи. Пошел в парк, бродил по

шумящим листьям, смотрел к сквозившему через облетевшие кусты дому. Неделю все ходил, ждал встретить. Шли дожди. Плохо стало Илье: надорвала ли его сжигающая работа, или пришел давно подбиравшийся недуг, – слабеть стал Илья, и не оставлял его кашель. А раз принес обед Спирька, смотрит – сидит Илья перед жаркой печкой в тулупе. Сказал Илья:

– Съешь за меня, Спиря…

А наутро забелело за окнами: выпал снежок в морозце. Обрадовался Илья зиме: приносит зима здоровье. Стал он прибирать в комнатке и слышит: стучат каблучки на порожке. Оглянулся Илья к окошку – и схватился за сердце: она, молодая госпожа его, стояла на крылечке в белой шубке, в белой на голове шелковой шали, новая.

– Вот и пришла к вам в гости, Илья! – сказала она, озаряя глазами. – Вы заболели?.. Пришла поблагодарить вас за работу… забыла.

И она, ласковая, протянула ему руку. Закружилось и потемнело у Ильи в глазах, схватил он маленькую ее руку, жадно припал губами, пал перед нею, своей царицей, на колени, осыпал безумными поцелуями ее заснеженные ноги, плакал…

Она смотрела на Илью в страхе и не отнимала руку. Вспоминал Илья, что страх был в глазах ее, и нежность, и боль непередаваемая, и еще, что он так и не назвал словом. Шептала она в страхе:

– Что вы… милый… встаньте…

Но он обнял ее тонкие колени и называл – не помнил. И увидал Илья новое лицо: огнем вспыхнуло бледное лицо ее, и пробежало синим огнем в глазах; и губы ее помнил, ее новый рот, потерявший девственные черты и жаркий.

Только один миг было. Твердо взглянула она и сказала твердо:

– Илья, не надо.

И торопливо вышла. Видел Илья слезы в ее глазах. Был этот день последним счастливым днем его жизни – самым ярким.

Стал Илья доживать дни свои: немного их оставалось. Лежал от слабости днями и вспоминал трудную жизнь свою. И подумал: «Мне жить недолго; пусть она, светлая госпожа моя, узнает про жизнь мою и про мою любовь все». Взял тетрадь и начал писать о своей жизни.

К весне услыхал Илья, что родилась у барыни дочь, а барин другую неделю пропадает на охоте. Пришла навестить тетка Агафья и сказала Илье, что барыня с полгода будто не живет с барином, «не спит, сказать прямо», а перебралась в дедовскую половину. Узнал и еще Илья, будто застала барыня свою горничную Анюту с барином в спальне.

Понял тогда Илья многое, и скорбью залило душу его. А через два дня – поразило его как громом: барыня скончалась.

Он едва мог ходить, но собрал силы и пришел проститься. Новую увидал Илья светлую госпожу свою, прекраснейшую во сне последнем. Дал, как и все, последнее целование.

После погребения праха новопреставленной Анастасии пришел Илья к барину, сказал:

– Хочу расписать усыпальницу.

Уныло взглянул на него барин и сказал уныло:

– Да, плохо, Илья, вышло. И ты захирел… Ну, пиши…

Две недели работал Илья в холодном и сыром склепе, писал ангела смерти, перегнувшегося по своду, с черными крыльями и каменным ликом, с суровыми очами, в которых стояли слезы. Склонялся этот суровый ангел над изголовьем могилы Анастасии. Под черный бархат расписал Илья своды и написал живые белые лилии – цветы прекрасной страны.

Кончив работу, самую тяжкую из работ своих, слег Илья и не подымался больше. Пришел его навестить Каплюга. Сказал ему Илья:

– Вот, умираю. Сходи в монастырь, Анисьич… дай знать. Привези на своей лошадке духовника обительского, у него исповедался… еромонаха Сергия. Не доберусь сам.

Исполнил Каплюга последнее желание Ильи: сам привез иеромонаха. Пробыл иеромонах Сергий один на один с Ильей с час времени, потом вызвал дьячка, старуху Агафью и скотника убогого Степашку – как свидетели будут, – при всех объявил Илья: монастырю оставляет образ «Неупиваемая Чаша». И тут в первый раз увидал Каплюга икону, завешенную новой холстиной. Приказал Илья снять покрывало, и увидали все Святую с золотой чашей. Лик Богоматери был у нее – дивно прекрасный! – снежно-белый убрус, осыпанный играющими жемчугами и бирюзой, и «поражающие» – показалось дьячку – глаза. Подивился Каплюга, почему без Младенца писана, не уставно, но смотрел и не мог отвести взора. И совсем убогий, полунемой, кривоногий скотник Степашка смотрел и сказал – радостная.

Умер Илья теплой весенней ночью. Слышал через отворенное окошко, как поет соловей в парке, к прудам. Слушал Илья и думал – поет на островке, в черемухе. Приняли последний вздох Ильи тетка Агафья и старик Степашка.

Рассказывала Каплюге старая Агафья:

– «Скажи, – говорит, – тетенька Агаша, будто соловей поет, слышно?» «Поет, – говорю, – Илюша». «А где ж он поет, тетенька… на прудах?» «На прудах, – говорю, – на островку». «На островку?» – говорит. «На островку, – говорю, – Илюшечка». А потом подремал… «Тетенька Агаша… ты, – говорит, – все себе бери, именье мое… родней тебя нету…» А потом Степашку увидал. «Дяде Степану дай чего, тетенька Агаша… тулуп отдай…»

Приняли они, двое убогих, последний вздох Ильи, тихо отошедшего. Тихо его похоронили, и приказал барин положить на его могилу большой валун-камень и выбить на нем слова.

Умер Илья – и забыли его. Травой заросла могила его на северной стороне церкви, осел камень и стал обрастать мхом. Стало и его не видно в густой траве.

XVIII

Принял монастырь Ильину икону – Неупиваемая Чаша – дар посмертный. Дивились настоятельница и старые: знал хорошо Илья уставное *ликописание*, а живописал Пречистую с чашей, как мученицу, и без Младенца. И смущение было в душах их. Но иеромонах Сергий сказал:

– Чаша сия и есть Младенец. Писали древние христиане знаком: писали Рыбу, и Дверь, и Лозу Виноградную – знамение, сокровенное от злых.

Тогда порешили соборне освятить ту икону, но не ставить в церкви, а в обительскую трапезную палату. И когда трапезовали сестры, радостно смотрели на икону и не могли насмотреться.

По малу времени стали шептаться сестры, что является им во сне та икона – Неупиваемая Чаша. Говорили старым монахиням и на духу иеромонаху. Стали видеть во снах и старые. И пошел по монастырю слух: чудесная та икона. Тогда поехала настоятельница к архиерею. Положил архиерей: не оглашать до времени, а проверить со всею строгостью и с сердцем чистым, дабы не соблазнялись, а пока записать все под клятвой. И стала вести строгую запись ученая монахиня, мать казначея Ксения.

По малу времени от сего шел на свои места отставной служивый, бомбардир, человек убогий, по имени Мартын Кораблев, тащился на костылях после Севастопольской кампании: пухли и отнимались у него ноги. Пристал в монастырь на отдых. Ласково приютили его в монастыре, накормили и обогрели. Пришел убогий Мартын в трапезную палату и увидал ту икону, радостную Неупиваемую Чашу. Тогда, в чаянии сокровенном, поведали ему сестры, что является во снах та икона и любовно наказывает перенести ее в соборную церковь для всенародных молений. Не мог отвести умиленного взора убогий Мартын от радостного лика Пречистой Неупиваемой Чаши и, хоть в великое труждение ему было, положил перед ней три земных поклона. И во всю трапезу сидел, не отводя глаз от невиданного лика, и молился втайне.

А поутру потребовал настоятельницу и передал ей под великой клятвой: явилась ему, как наяву будто, дивная та икона

Пречистой Богоматери с Золотой Чашей и сказала: «Пей из Моей Чаши, Мартын убогий, – и исцелишься».

Сказала настоятельница:

– Я и сестры обители не единожды сподоблялись откровения Пречистой, но сохраняем сие до времени в тайне.

Тогда неотступно и со слезами стал убогий Мартын просить, чтобы отслужили перед Неупиваемой Чашей молебен с водосвятием. Просьба его с радостью была исполнена, и в трапезной палате совершено было торжественное моление с водосвятием. Со слезами молился весь монастырь, прося чудесного оказания, святили воду, и взял болящий Мартын той воды в склянку и растирал ноги. Но не даровала ему Пречистая исцеления.

Втайне скорбели сестры, и поселялось в душах их искушение и соблазн. С великой печалью оставил Высоко-Владычный монастырь Мартын убогий.

А поутру прибежала, как не в себе, с великим плачем и слезами, старая мать вратарница Виринея на крыльцо настоятельницы и вскричала:

– Призрела Пречистая скорби наши! Исцелился Мартын убогий, видела своими глазами! Без костылей ходит!

Не смея радоваться, спрашивали ее: откуда знает? Говорила она, обливаясь радостными слезами:

– У святых ворот рассказывает Мартын народу.

Тогда пошли всей обителью и увидели: стоит солдат Мартын, а кругом него много народу, потому что день был базарный. Босой был Мартын и всем показывал свои ноги. Дивились сестры – были те ноги, как у всех здоровых, и крестным знамением свидетельствовали и настоятельница, и старые, что еще вчера были те ноги запухшие от воды, как бревна, и желтые, как нарывы. А Мартын показывал костыли и возвещал народу:

– До Михайловского, братцы, едва дополз… Ноги стало ломать, мочи нет! Приняли на ночлег меня, помогли в избу влезть… Положили меня бабы на печь и по моей просьбе стали мне растирать ноги святой водой от Неупиваемой Чаши. А у меня и сил вовсе не стало, будто ноги мне режут! И стал я совсем без памяти, как обмер. И вот, братцы… Даю крестное целование… Пусть меня сейчас Бог убьет!.. Слышу я сладкий голос: «Мартын убогий!» И увидал я Радостную, с Золотой Чашей… С невиданными глазами, как свет живой… «Встань, Мартын убогий, и ходи! И радуйся!» Очнулся я, братцы, ночь темная, не видать в избе… Спать полегли все. Чую – не болят ноги! Тронул… Господи! Да где ж бревна-то мои каторжные?! Сам с печи слез, стою – не болят ноги, не слыхать их вовсе! Побудил хозяев, засветили лучину… А я хожу по избе и плачу…

Подтвердили его слова мужики и бабы, что пришли с Михайловского с Мартыном. Тогда зашумел народ и просил отслужить молебен Неупиваемой Чаше.

Возликовала Высоко-Владычняя обитель, и пошла молва по всей округе, и стали неистощимо притекать к Неупиваемой Чаше, многое множество: в болезнях и скорбях, в унынии и печали, в обидах ищущие утешения. И многие обрели его.

Повелел архиерей, уступая неоднократным просьбам обители и получивших утешение, перенести ту икону в главный собор, прибыл с духовной комиссией и лицезрел самолично. И долгое время не мог отвести взора от неописуемо радостного лика. Сказал проникновенно:

– Не по уставу писано; но выражение великого Смысла явно.

И повелел ученому архиерейскому мастеру, до лика не прикасаясь, изобразить Младенца, в Чаше стоящего: будет сия икона по ликописному списку – Знамение.

Прибыл в обитель ученый иконописный мастер и дописал Младенца на святом Лоне в Чаше. И положили годовое чествование месяца ноября в двадцать седьмый день.

Год от году притекал к Неупиваемой Чаше народ – год от году больше. Стала округа почитать ту икону и за избавление от пьяного недуга, стала считать своей и наименовала по-своему – Упиваемая Чаша.

Еще не отъехавшие в город дачники из окрестностей,

окружные помещичьи семьи и горожане ближнего уездного города любят бывать на подмонастырной ярмарке, когда празднуется в Высоко-Владычнем монастыре престол – в день празднования Рождества Богородицы, 8 сентября. Здесь много интересного для любопытного глаза. Вот уже больше полвека тянутся по лесным дорогам к монастырю крестьянские подводы. Из-за сотни верст везут сюда измаявшиеся бабы своих близких – беснующихся, кричащих дикими голосами и порывающихся из-под веревок мужиков звериного образа. Помогает от пьяного недуга «Неупиваемая Чаша». Смотрят потерявшие человеческий образ на неописуемый лик обезумевшими глазами, не понимая, что и кто Это, светло взирающая с Золотой Чашей, радостная и влекущая за собой, – и затихают. А когда несут Ее тихие девушки, в белых платочках, следуя за «престольной», и поют радостными голосами – «радуйся, Чаше Неупиваемая!» – падают под нее на грязную землю тысячи изболевшихся душою, ищущих радостного утешения. Невидящие воспаленные глаза дико взирают на светлый лик и исступленно кричат подсказанное, просимое – «зарекаюсь!» Бьются и вопят с проклятиями кликуши, рвут рубахи, обнажая черные, иссыхающие груди, и исступленно впиваются во влекущие за собой глаза. Приходят невесты и вешают розовые ленты – залог счастья. Молодые бабы приносят первенцев, и на них радостно взирает «Неупиваемая». Что к Ней влечет – не скажет никто: не нашли еще слова сказать внутреннее свое. Чуют только, что радостное нисходит в душу.

Знают в обители, что бродивший в округе разбойник Аким Третьяк принес на икону алмазный перстень, прислал настоятельнице с запиской. Не принял монастырь дара, но записал в свой список, как «чудесное оказание».

Шумит нескладная подмонастырная ярмарка, кумачами и ситцами кричат пестрые балаганы. Горы белых саней и корыт светятся и в дожде, и в солнце – на черной грязи. Рядком стоят телеги с желтой и синей репой и алой морковью, а к стенам жмутся вываленные на солому ядреная антоновка и яркий анис. Не меняет старая ярмарка исконного вида. И рядками, в веночках, благословляют ручками-крестиками толпу Миколы строгие. Нищая калечь гнусит и воет у монастырских ворот.

И ходит-ходит по грязной, размякшей площади и базару белоголовыми девушками несомая Неупиваемая Чаша. Радостно и маняще взирает на всех.

Шумят по краям ярмарки, к селу, где лошадиное становище, трактиры. Там красными кирпичами кичится богатая для села гостиница Козутопова, «Метропыль», славящаяся солянкой и женским хором – для ярмарки, когда собирается здесь много наезжих – за лошадьми. Бродят эти певицы из хора по балаганам и покупают «ярославские сахарные апельсины», сладкий мак в плиточках и липовые салфеточные кольца. Смотрят, как валится народ под икону.

Смотрят и дачники, и горожане. Выбирают местечко повыше и посуше – отсюда вся ярмарка и монастырь как на ладони – и любуются праздником.

Отсюда берут на холст русскую самобытную пестроту и «стильную» красоту заезжие художники. Нравится им белый монастырь, груды камней и белого дерева, ряды желтой и синей репы и кумачовые пятна. Дачники любят снимать, когда народ валится под «Упиваемую Чашу». Улавливают колорит и дух жизни. Насмотревшись, идут к Козутопову есть знаменитую солянку и слушать хор. Пощелкивают накупленными «кузнецами», хрустят репой. Спорят о темноте народной. И мало кто скажет путное.

Ноябрь 1918 г
Алушта

СТАРЫЙ ВАЛААМ

Очерк

В поминальном очерке — "У старца Варнавы" — рассказано, как, сорок лет тому, я, юный, двадцатилетний студент, "шатнувшийся от Церкви", избрал для свадебной поезд-ки — случайно или неслучайно — древнюю обитель, Валаамский монастырь. Эта поездка не прошла бесследно: я вынес много впечатлений, ощущений — и вышла книжка. Эта первая моя книжка, принесшая мне и радость, и тревоги, давно разошлась по русским городам и весям. Есть ли она за рубежом — не знаю; вряд ли. Перед войной мне пред-лагали переиздать ее, — я отказался: слишком она юна, легка. Ныне я не писал бы так; но суть осталась и доныне: светлый Валаам. За это время многое переменилось: и во мне, и — вне. Россия, православная Россия — где? какая?! Да и весь мир переменил-ся. Вспомнишь... — а Троице-Сергиевская лавра? а Оптина пустынь? а — Саров? а Солов-ки?!. Валаам остался, уцелел. Все тот же? Говорят, все тот же. Слава Богу. Ну, конечно, кое в чем переменился, — время, новая судьба. Говорят, — туристов принимает, евро-пейцев. Это не плохо, и для него не страшно: "да светит миру". Как-то я читал в "Матэн" о Валааме. Журналист-француз, конечно, многого не понял "в Валааме", но — уважением проникся. Помню, писал: "своей идее служат... мужики-монахи". Не плохо, если "мужики" — идее служат. Сколько перевидал французский журналист, что может удивить его? А Валааму удивлялся. Не плохо это. Да, стал другой немножко Валаам. Но жив и ныне. Раньше — жил Россией, душой народной. Ныне — Россия не слышна, Россия не приходит, не приносит своих молитв, труда, копеек, умиленья. Но он стоит и ныне, Светлый. Его не разрушают, не оскверняют, не взрывают. Суровая Финляндия к нему привыкла. Ведь и в прошлом он не был в ее границах — природа их объединила. Помню, сорок лет тому, "полицейский надзор" над ним держали те же финны. Валаам чужим им не был; такой же, как и они — суровый, молчаливый, стойкий, крепкий, трудовой, — крестьянский. Валаам остался на своем граните, — "на луде", как говорят на Валааме, — на островах, в лесах, в проливах; с колоколами, со скитами, с гранитными крестами на лесных дорогах, с великой тишиной в затишье, с гулом леса и воли в ненастье, с трудом — для Господа, "во Имя". Как и св. Афон, Валаам, поныне, — светит. Афон — на юге, Валаам — на севере. В сумеречное наше время, в надвинувшуюся "ночь мира", — нужны маяки. Я вспомнил светлую страницу — в прошлом. Недавно, как бы в укрепление себе, узнал, что два послушника, кого я мимоходом по-встречал на Валааме, пометил в книжке, совершили за эти годы подвиг. Узнал, что стали "светом миру", что они живут. Валаам дал им послушание. И вот, живые нити протянулись от "ныне" — к прошлому, это прошлое мне светит. В этом свете — тот Валаам, далекий. И я подумал, что полезно будет вспомнить и рассказать о нем: он все такой же, светлый.

I

К Валааму

...В половине 3-го часа утра разбудил меня звонок в коридоре гостиницы. Было еще совсем темно. Видно только, как бегут в небе тучи, то открывая, то заслоняя звезды. Очертания собора высятся над березами. Озеро гремит, шумят березы. На колокольне ударили к полунощнице. Стучат сапоги монахов по каменной дорожке — тянутся иноки к собору.

— Во имя Отца и Сына и Святаго Духа...

— Аминь.

— "Александр" через час отходит, — говорит брат Тихон, послушник, — с вечера еще пришел, волны берегся.

— Неспокойно озеро?

— Да не так чтобы... волнисто. Большой бури не будет, а покачает. Опять это "покачает". Из Шлиссельбурга вышли на "Петре Первом" — так трепало, что мы сошли на Коневце, отсиживались, приготовлялись к Валааму. И вот, теперь, и на "Александре" покачает.

— Это ничего-с,— успокаивает нас брат Тихон, — для испытания вам, наше озеро дух смиряет, а потопления вам не будет, преподобный Арсений сохранит.

Я смотрю на его простоватое лицо: нет, он не шутит, он твердо верит, что "потоп-ления не будет". Вспоминаю шутливые слова гостинника — "а потому вас и раскачало, чтобы мимо Преподобного не проезжали... вот и привелось к нему заехать,.. а теперь хорошо вам будет". Да будет ли? Я слышу, как накатывает море.

Идем в собор — проститься. Охватывает сырость и особый, глубинный, запах разбушевавшейся Ладоги. В небе бегут разорванные тучи. У святых ворот преп. Арсений, в схиме, благословляет нас из полутемного залома. В двери собора видны редкие огоньки свечей. Мы входим в пустынный храм и слышим проникновенный возглас служащего иеромонаха: "Услыши ны, Боже Спасителю наш, упование всех концев земли, и сущих в мори далече" — и я вспоминаю о бурном море,— "и милостив, милостив буди, Владыко..." И я молюсь о милости и вспоминаю, как петербургский извозчик-хозяин, ехавший на Валаам на "Петре I", приговаривал: "кто в море не бывал — тот Богу не молился".

Разноцветные лампады над ракой преп. Арсения Коневского мерцают сонно. Над ними, в красивых сборах, малиновая бархатная сень. Старенький, едва двигающийся монах, разинув от слабости рот, ставит обеими руками дрожащую в них свечку. Накрытый складчатой мантией, неподвижно простерся перед ракой монах в молитве. Под сводами мрак, в темноте алтаря цветными огоньками теплится седьмисвечник, а кажется мне, что стою за полунощницей на Светлый День, только тогда бывает такая тишина и сумрак. И вдруг, с озера, загудел грозно пароход, — звал в путь. Бросив прощальный взгляд на тихие лампады над серебряной ракой Преподобного, я пошел к выходу. "Доброго пути..." — сказал мне кто-то. Я оглянулся. На дощатом полу чернела мантия, складки закрыли го-лову. "Спасибо", — сказал я с чувством невидимому иноку.

Начинало светать. Старичок-гостинник уже отправил на пристань наши вещи. Мы сер-дечно простились с ним, расцеловались даже — "На Валаам съездите — нас и забудете... далеко нам до Валаама". И я вспомнил, как он рассказывал с сокрушением, что не стало у них нынче схимонахов. — "А каждому желательно схимонаха видеть... всякому хоть поближе быть к высокому подвигу желается". Мне жаль было этого старичка, обиженного за свою обитель, полного веры, что захочет Господь — и покажет славу обители — дарует и им подвижника.

Второй гудок. Мы сбегаем под гору, к пристани. Монашек сбрасывает причал и смот-рит вслед. Дальше и дальше уходит лесом поросший Коневец. На неспокойных водах поднимается огненное солнце, огромное в тумане. "Сартанлакс!" — кричит штурман. Перед нами — "Чертов залив" — "Сартанлакс" по-фински, куда опустилась некогда чер-ная стая воронов, изгнанных Преподобным из-под страшного "Коня-камня", где было капище. Это глубокий залив, окаймленный лесом. Видны домики, пристань, бочки, белый маяк-игрушка на косе. Небо ясно, солнце уже в полнебе, и видно, как на водах лежит, весь освещенный солнцем, покинутый нами Коневец.

Бросив на пристани ящики и бочки, "Александр" идет финским берегом. Березки, елки, каменистые косы с белыми маячками у воды. Озеро не бушует. Говорят — камни не допускают, а вот как свернем в открытое — молись Богу!

— На Валаам изволите ехать? — спрашивает краснощекий парень в лаковых сапогах и пиджаке. — Молиться... это хорошо-с. Я вот десятый раз подвизаюсь. По железной части. Великие мастерские у монахов, мы и скупаем которое железо остается, оковку из кузниц ихних, пудиков по триста. По опасному месте едем, камни невидимые, чуть прошибся капитан — прощай. Но только они не прошибаются. И потом — по священному делу едут, не для гулянок.

Я спрашивал себя — а я, по какому делу? И — не знаю.

Плывем в тихих проливах, среди целой щетины "шхер". Это надводные камни, гряды, поросшие тощей елкой. В береговых утесах виднеются деревни, крытые светлой дранью, желтые тощие полоски — овес, ячмень. "Кронобор!" — кричит штурман. Деревянная "лютерова" церковь с тонким шпилем. Сумрачные финны, в куртках и крепких, тяжелых сапогах, курят трубки; ни улыбки под их разухими шляпами. Кончились остановки. "Александр" поворачивает в озеро — к Валааму. До него, говорят, верст семьдесят.

Прибегают матросы, крепят паруса потуже: ветер! Черные волны будто маслом подернуты, кажутся мне расплавленным графитом. Паруса щелкают. Пароход теперь мчится, склонившись набок. Нас качает и бортом, и килем, руль вплетает к падает с треском, и вспоминаются мне качели. Старик финн, шкипер, обходит борт, что-то тре-вожно смотрит. Говорят — следит, как бы цепь не порвало, рулевую, — "тогда — куда затащит, на камушки выкинет — сушись". Паруса рвет и щелкает. Матросы бегут крепить.

— Не Валаам ли? — спрашиваю я шкипера, что-то как будто видя.

— Нэйт Валямо... трисать вэрстэ.

Капитан высматривает в трубу. Налетает туча, сечет дождем. Теперь ничего не видно. Говорят — как бы туманом не хватило, тогда — прощай. Вон, матросы уж слушать стали — не позывает ли? Что позывает? А колокола валаамские: как видимость пропа-дает, монахи позывают, "сюда, в тихую пристань, к Преподобным!". Серебряный звон, хороший, ясный. Нет, не слышно серебряного звона, не синеют острова валаамские. Томи-тельные часы проходят. Дождь переходит в ливень, визжит ветер, хлопают паруса. Богомольцы, в кучке, поют — "Не имамы иные помощи... не имамы иные наде-э-жды... разве Тебе, Владычице...".

"Валаам видать!.." — слышу я. Слава Создателю... показался!

Перед нами высокий темно-зеленый острое. Пеной кипит округ него озеро-море. На гранитную стену бежит "Александр", вот ударит! Ближе — остров дробится на остро-ва. Видно проливы, камни, леса. Древностью веет от темных лесов и камней. Из-за ска-листого мыса открылся Монастырский пролив, великолепный. Слева, совсем на отлете, каменный островок, на нем белая церковка, крест гранитный, позади — темный бор. Это маяк и скит, страж Валаама и ограда — Никольский скит. Чтимый Святитель бодрствует на водах, благословляет входящих в тихие воды монастырские, указывает путь "и сущим в мори далече".

Входим в пролив, двигаемся в отвесных скалах. На них, высоко, леса. Воздух смоли-стый, вязкий. И — тишина. Чувствуются лесные недра. Покой. Богомольцы как бы пере-дают охватывающие их чувства. Поют — "Свете тихий, святы-ые славы... Бессме-э-ртного Отца-а Небесного..." Сердце дрожит во мне. "В раю вот так-то... — слышится чей-то возглас. — Лучше и быть нельзя". Острый гудок катится по проливу. Отвечают ему леса и скалы. Влево, на отвесной скале, высоко, — собор. На голубых куполах, без солнца, кресты сверкают — червонным золотом. По высоченной скале лепятся клены, висят над фруктовым садом. — "Сады у них... нигде таких нет садов!" На скале черная ниточка— решетка. Точками смотрят на пароход монахи. На соборе благовестят к вечерне. Спускается по горе повозка. На деревянной пристани встречают богомольцы. Монахи-певчие выступили вперед и ждут.

"Воскресение Христово видеаше, поклонимся Святому Господу Иису-усу..." — поют на пароходе и крестятся на кресты Собора.

"Единому безгре-ещному..." — вливаются с пристани монахи и огромная масса богомольцев.

Я вижу слезы, блистающие глаза, новые лица, просветленные. Стискивает в груди, восторгом. Какая сила, какой разливающийся восторг! И — чувствуется — какая связан-ность. Всех связала и всех ведет, и поднимает, и уносит это единое — эта общая песнь — признанье — "Единому безгрешному". Все грешные, все одинаки, все прите-каем, все приклоняемся. Такого не испытывалось ни от Штирнеров, ни от Спенсеров, ни от Штраусов, ни от Шекспира даже. Я чувствую — мой народ. И какой же светлый народ, какой же добрый и благостный. Не предчувствую ничего.

— Потрепало маленько, — говорит встречающий знакомец, питерский извозчик, — а мы на "Петре" чисто как по стеклу доехали. Намаялись, теперь будет утешение душе.

На пристани гранитная часовня. Перед иконой Богоматери служат благодарствен-ный молебен. Небо дождливое. На всем — серая пелена ненастья. Но — благодатное на душе. Крепкая низкорослая лошадка быстро несет нас в гору, к величественному зданию гостиницы. На этих скалах, в лесах — такое! Не ждал, не думал. И я вспоминаю — дорогой говорили: "такие чудеса увидите..! И все — они все, своими трудами, и все сами, до последнего гвоздика!.."

II

Новый мир

Навстречу, с горы, спускаются к пароходу богомольцы. Валаам вчера праздновал Преображение Господне, было большое стечение народа: новый собор, сияющий нам крестами, — во имя Преображения. На пароходе говорили, что весь Валаам полнехонек, народу со всех краев. Я спрашиваю возницу, подростка в скуфейке, — много ли богомольцев. Он не отвечает. Я спрашиваю громче, уши его краснеют, плечи чуть ежатся, но он не оборачивается, молчит. Спрашиваю еще громче, почти кричу. Уши его краснеют еще больше. Я понимаю, что он слышит... и вспоминаю, — рассказывали нам на паро-ходе: "там все на послушании... не благословлено кому — от того слова не добьешься". Пожалуй и наш возница не благословен разговаривать. Ему, видимо, хочется ответить, но он несет послушание и потому, от скромности, краснеет. Да и вид наш, пожалуй, его смущает. Мы совсем не похожи не богомольцев. Встречные больше простой народ, с котомками и мешками, или мещане-горожане, с узелками и саквояжами, народ поло-жительный, "сурьезный", а мы — "ветром подбиты", как назвала нас на пароходе одна пожилая женщина, питерская, сказавшая про себя: "у меня сынки по торговой части, большая у нас рыбная лавка в Апраксином". И определила метко: поклажи у нас только чемоданчик, и одеты мы налегке, словно вышли "пройтись для воздуха". Жена, де-вочка совсем, — в летней шляпке с вишенками и в "живой" тальмочке, по локоть, мод-ной: тальмочка в круглых дырках, и через эти дырки сквозит серебристая подкладка. Я одет несколько солидней, в студенческом кителе, шинель внакидку, фуражка на — ухо. Выехали из Москвы в жаркую погоду, а тут, на озере-море, "на севере", вдруг завернули холода. Женщина нас жалела: "Да как же это вас так пустили! у нас тут, милые, в августе и снежок бывает... ишь вы какие несмысленные". И всю дорогу укутывала жену платком.

Встречные богомольцы смотрят во все глаза, — кажется, говорят: "богомольцы, тоже... гулять приехали!". Я думаю смущенно: и монашенок не отвечает, и уши у него краснеют, — от непристойности.

Подъезжаем к белой величественной гостинице. На ее вышке, в "гнезде", написана икона валаамских чудотворцев, преподобных Сергия и Германа. Преподобные стоят, в золотых венчиках, и держат свитки с писанием. Юные глаза остро видят, и мы читаем: на левом свитке — "Братие, покоряйтеся благоверному царю...", а на правом, у преп. Гер-мана, — "Три-Солнечный свет Правосла...". У ног Преподобных — озеро, над ними, в ла-зурном небе, — Преображение, за ними — между ними — белая валаамская обитель, пониже их.

На широком каменном крыльце встречают несколько

человек гостиных служек, в белобумажных подрясниках, стянутых кожаными поясами, и во главе их коренастый, низенький старичок, — в потертой камилавке, испытующе вглядывается в нас: видно — не ожидал таких. Это "хозяин" гостиницы, о. Антипа. Взгляд его серых глаз смущает; я вспоминаю, как та женщина опасливо говорила нам: "Вот и Бог соединил, а как бы не разлучили вас! вас в одну келейку, а супружечку в другую. Лет тридцать тому были мы тут с покойным мужем, нас разлучили... такой уставный закон у них, старца Назария, Саровского, очень строго". Жена измучена морской болезнью, я тоже едва держусь, как же ее оставить? Это меня пугает, и я даю слово, если это случится — с первым же отсюда пароходом!

— Благослови, Господи, доброе пребывание... Дело хорошее, Преподобные радуют-ся на вас... — ласково, но с сомнением, встречает о. Антипа, а глаза смотрят строго — Из Питера быть изволите..?

Взгляд испытующий. Я ожидаю в тревоге, что "разлучит". Почтительно ожидают служки.

— Нет, из Москвы... — отвечаю я и вижу общее удивление.

— Из Мо-сквы-ы?! — с сомнением говорит о. Антипа, — сдалека вы... — в голосе нерешительное что-то.

Надо сказать, что московские богомольцы на Валааме редки; большинство — пи-терцы, псковичи, новгородцы, олончане, финны. А теперь — какие?.. '

Ответ не удовлетворяет мудрого о. Антипу. Пронизывая взглядом, он задает "ро-ковой" вопрос.

— Вы кто же... братец и сестрица..?

— Нет, муж и жена!

Мой, несколько вызывающий, ответ — о, юность! — производит сильное впечатле-ние. О. Антипа озадачен, даже поправляет камилавку. Послушники — как изваяния.

— Вон кто-о..! из Москвы, сдалека...

Он смотрит на нас над нашими головами, вдаль. Что думает? Думает ли о юных, кто перед ним, о далекой Москве, где не был, о строгом ли уставе старца Назария... или вспомнил

71

слова молитвы — "яже Бог сопряже, человек да не разлучает"? Видно, как он колеблется. Мы растерянно смотрими ждем решения. Но он не решает сразу.

— Минутку обождите, милые...—говорит он не строго, и в широкие двери видно, как он поспешно идет по лестнице, на второй этаж. С кем-то советоваться будет..?

Мы остаемся с немыми служками Они смотрят на наши ноги, мы на их рыжие сапоги с гвоздями. Играют часы на колокольне, кричат стрижи. Рыжие сапоги переступают. Слышится бег шагов: это о. Антипа. Он спускается с лестницы, подбирая под камилавку седые пряди, скрывается за дверью, гремит ключами, и — приказывает вести нас в келью N 27, в первом этаже, подать самоварчик, "с далекой дорожки упокоить". Чудесный, светленький старичок. Мне хочется рассказать ему... кого-то он мне напоми-нает, кого уже нет не свете.

Послушник берет наш чемоданчик, ведет по исхоженным беловатым плитам.

— Пожалуйте, Господи благослови... в келейку.

Чудесная келейка. Белая, светлая, узковата немножко, правда, — но как чудесно! Две чистые постели. В углу икона знакомых Преподобных. Теплится розоватая лампадка. Окно — в цветник. Там георгины, астры, золотисто-малиновые бархатцы, петуньи. И — ти-шина. Направо — собор, над монастырскими кровлями, за корпусами. Прямо — дикие ска-лы за проливом, на них леса. Новый, чудесный мир, который встречал я в детстве, — на образах, — стелющийся у ног Угодников: голубые реки, синеющие моря, пригорки, белые городки, озерки, плоские и кривые сосны, похожие на исполинские зонтики, и все — под белыми облачками-кудерьками... мир, в котором живут подвижники, преподобные, неземные... — мир Ангелов и небесных человеков. И этот забытый мир, отшедшии куда-то с детством, — пришел, живой. Помните, в раннем детстве видали в церквах иконы "с пейзажами"? На первом плане — большой Святой, и свиток в его руке белеет над синим морем, над бурыми холмами, над городком? Таинственный мир, чудесный, детскому глазу видимый, детскому сердцу близкий.

Нам очень нравится. В келейке пахнет елеем от лампадки, свежевымытым еловым полом, чем-то душисто-постным, черными сухарями богомолья. Вызванивают часы на колокольне и потом отбивают мерно — четыре раза.

— Молитвами Святых Отец, Господи Иисусе Христе Боже наш, помилуй на-ас..! Смотрю на дверь: почему же никто не входит? Опять кто-то позывает:

— Молитвами Святых Отец... Господи Иисусе Христе Боже наш... Дверь тихо подается, просовывается большая книга, а за ней намасленные власы, па-дающие с плеча на книгу, и вступает благообразный послушник.

— Уж извините, для порядку наставлю вас. На возглас приходящего поаминить надо, без аминя у нас не входят.

Я поражен, обрадован. Какое "уважение к личности"! Мне, студенту, не думалось встре-тить такое "у святошей"! Я уже разрешил вопросы о "тунеядстве монахов", о "ханжестве", о "ненужности этих пустяков". Чернышевский, Белинский, Добролюбов и все, доказавшие мне "свободу человека от этих предрассудков", такого никогда не говорили: "Без аминя у нас не входят"! Я готов горячо пожать руку этому новому учителю, но она держит книгу.

— Позвольте, запишу ваше имя-звание в гостиничную тетрадь, по полицейскому прави-лу... мы под финской полицией. Мы паспортов не смотрим, по виду верим... — говорит по слушник. — Гостиница наша не мирская, а по благословению от Преподобных. Нет, у нас за по-стой не полагается, — ни за трапезу, ни за постой... что вы-с!.. Почитайте наши правила, у нас полная душе свобода. Как силы будет, так и дают, кто может, по достатку... от Преподобных уставлено.

Я — в изумлении. "Корыстные монахи?" Да что же это, почему про это не говорил ни Бебель, ни... "Как силы будет... по достатку... полная душе свобода"!..

— Студент? — говорит послушник, — значит, науки

происходите? У нас редко они. Говорят вон, студенты... Да не надо праздное говорить, Господь с ними.

Я спрашиваю, есть ли у них подвижники и схимонахи. Десять схимонахов, обитают по всем скитам. А прозорливцы есть? Он улыбается.

— Все у нас прозорливцы: знаем, что завтра будет.

Смиренно кланяется и уходит. Почему он мне так ответил? Должно быть, показалось, что спрашиваю я из любопытства. Может быть, думает, что я не знаю, что значит — прозорливец? Не знает, что я видел прозорливца на днях, у Троицы, — батюшку Варнаву, благословившего нас "на путь". Может быть, думает — студент, все у них так, в насмешку.

— Молитвами Святых Отец, Господи Иисусе Христе Боже наш, по-ми-луй нас! Я говорю —"аминь". Послушник, новый, бухает в дверь ногой и вносит бурлящий самовар на медном подносе, с чашками. Он — простоватый, толстоносый, круглое лицо его сияет, как самовар

— буду вам служить. А зовите меня брат Василий. Земляки мы с вами, тоже из Мо-сквы я, с Сухаревки... посудой папаша торговали. Ну как Москва, все еще стоит, не прова-лилась? Как так не может провалиться? Может провалиться. Греха так много. Грешные города всегда проваливаются... Содома— Гоморра провалилась! Ну, вкушайте на здо-ровье.

По коридору проходят служки, напевают вполголоса стихиры. От праздника осталось много богомольцев, но их не видно: стоят вечерню. А нам снисхождение, с дороги — самоварчик.

Как мышки тихо ложимся мы отдохнуть на каменные валаамские постели. Глаза за-кроешь, и — будто укачивает в море. Отбивают часы на колокольне, и вспоминаются на пароходе "склянки". Из окошка веет вечернею прохладой, дыханьем Ладоги. Сон крепкий-крепкий...

Открываю глаза — где день? Мутно белеет занавеска, пузырится от дуновенья — веянья валаамской ночи. В щелку от занавески видно: лес за проливом смутен, небо зеленовато-бледно, точками намекают звезды. Вспоминаю, что я на

Валааме, в чудесной дали. Радость поет во мне. Тихо иду к окну, чтобы не потревожить спящую, отдерги-ваю тихо занавеску. Какая тишина! Темная глушь на скалах за проливом, в ней ничего не видно, — острые пики елей? Где-то, чуть слышно, Ладога — еще тревожна. Это направо, у Никольского островка — скита, зоркого стража Валаама. Там, говорят, маяк. Там, говорят, Святитель — "зовет огнем". Пахнут петунии. Падают сонные удары — три, семь... восемь... Восемь.

— Молитвами Святых Отец, Господи Иисусе Христе Боже наш, помилуй нас... Это брат Василий. В келье розовый свет — от дремлющей лампадки. Брат Васи-лий зажигает стеариновую свечку в красно-медном подсвечнике. Приносит на подносе миски.

— О. Антипа благословил, с дорожки, а то общая у нас трапеза. Завтра о. игумен как возвестит, а покуда уж в келейке вкушайте.

В мисочках щи с грибами, с лавром и перчиком, каша с конопляным маслом, винегрет, посыпанный семечками тмина и укропцем; стопа душистого хлеба валаамского, ломтями, — черный хлеб монастырский в славе, а "валаамский" — "в преславности", — пузатый графин темно-малинового квасу.

— Отведайте нашей пищи, во славу Преподобных. Наша пища секрет имеет.

— Секрет..?

— Даже два секрета. Поначалу она не вкусна для чистого богомольца. Хлебнет, понюхает и положит ложку. А как подберется в чемодане, глядишь — и привыкает, да так привыкает, что и мыть мисочку незачем. Другой? А другой секрет вот какой. Поначалу с нашей пищи слабнуть начинает непривышный человек, похудает, побелеет... и тут будто что переломит в нем! Пойдет и пойдет в силу входить, и такая в нем сила объявляется, в миру не было такой силы, когда всякую снедь вкушал. Наша пища благо-словленная, с молитвы. Над ней песнопения поют, дух-то силу и набавляет. Сами дознаете — поживете.

10 часов. Богомольцы потрапезовали, помолились в соборе

и спят давно. Монахи еще в храме, слушают правило. Собор темнеет громадой на сумеречном небе. Блистают кресты — от месяца? Дремлет суровый Валаам на камне, водами от мира огражден-ный. Спят леса на святых горах, укрытые скиты — по островам и дебрям. Светле-ет за проливом: из-за черных еловых пик разливает сиянье месяц.

III

Глас в нощи

Уставши от впечатлений дня, я бездумно заснул на каменном валаамском ложе. Резкий звонок пробудил меня на пороге глубокой ночи. Странное ощущение — тревоги, радости, что-то знакомое..? Будто бы я в гимназии, и старик швейцар, прозван-ный за кругло-лысую голову "Цезарем", возвестил радостным звонком, что латинский урок окончен и можно бежать домой. Но кто-то, таинственный, мешает... будто учитель пения, призывает на спевку — "после уроков — в зал!" И знакомое чувство — как-нибудь увильнуть от спевки, от трудного "Бортнянского", где никак мне не удается "соло", а дома у нес, в саду, дожидается недоделанный каток, — остро меня трево-жит.

"Пе-нию вре-мя..." — слышится заунывный голос, — "мо-ли-тве ча...а-ас!" — и резкий звонок, за дверью, говорит мне неодолимо, что от спевки не увильнуть. И вот где-то уже поют... и, как будто, отец диакон, церкви Николы в Толмачах, приходивший в гимназию служить панихиды и молебны с гимназическим батюшкой, почему-то гру-стный, уже возглашает в зале. "Господи Иисусе Христе.., Бо-же наш..."—и умолкает. Я хочу спать, но о. диакон не уходит. Я чувствую, что я ему очень нужен, и он где-то стоит за дверью и ждет меня, и опять начинает возглашать: "...поми-луй на-ас..!" И звонит, и звонит за дверью.

Сколько же лет прошло с той валаамской ночи? Со-рок лет! А я еще слышу этот звонок и возглас. Думалось ли тогда — что будет?! Думал ли я, что о. диакон от Толмачей — не простой диакон, а знаток творений Отцов Церкви и Достоевского, что он станет иеромонахом, примет схиму, примет великий подвиг русского старчества, как о. Варнава у Троицы, как старец Амвросий Оптинский, как старец Макарий Оптинский, послуживший для Достоевского прообразом старца Зосимы в "Карамазовых"! Думал ли я тогда, в прочной российской безмятежности, что придет страшная година, и этот о. диакон призван будет из крепкого затвора, из Смоленско-Зосимовой пустыни, как почитаемый православной Русью подвижник иеросхимонах о. Алексий, на Всероссийский Собор и ему выпадает высокий и строгий жребий — вынуть из-за иконы "Владимирской Богоматери" написанное на бумажке имя Святителя — Патриарха — Мученика Тихона? Думал ли я, что этот звонок и возглас "о. диакона" — "время пению, мо литве час", — как бы приснившийся мне, станет и для меня знамением чего-то!

Но вот кто-то, ожидающий за дверью, перестает звонить. Я слышу знакомый голос — и вспоминаю, что нет никакой гимназии, я студент, я на далеком Валааме, вчера приехал, что я женат, что будят к полунощнице и ждут от меня ответа — "аминь". На молитвенный возглас — здесь надо "поаминить". Так вчера наставлял меня послушник, и это ему, пожалуй, голос о. Антипы, гостинника, говорит негромко: "не буди, Федор, пусть отдохнут с дороги... следуй дале".

Я слышу, как скребут по плитам коридора шаги "будильщика", печальный напев уходит дальше, звонок отдается глуше. Слышно неторопливые шаги по коридору, похло-пывают двери келий, проходят богомольцы и служки, напевают вполголоса "Се Жених грядет в полунощи", "Заутра услыши глас мой". Я чиркаю спичкой, смотрю на свои часы — только без пяти час, самая ночь глухая — и слышу, как ударяют в колокол, будто Святой Ночью! Радостное во мне волнение. Все уходят, надо и мне — но сон обры-вает мысли.

Ясный, голубоватый день. Бледно-голубое небо, молочные облачка, тонкие, как кисей-ка. На выбеленном окне веселые полоски солнца. Может быть, от далекой Ладоги, еще тревожной, бьется бойкое отражение от волн — "зайчик" на потолке. Я раскрываю окно, вижу бархатные леса на скалах, за проливом, вдыхаю воздух... — не воздух, а юность, силу, надежды, радость — вижу и чувствую, в сердце своем таю — "улыбку ясную природы". В цветнике — обрызганные росой астры, свежие звезды голубые, розовые и белые — "земные звезды", пышные георгины, темные, как церковное вино, — все освеженное росистой ночью, все бодрое и, кажется, — все святое. И в кусту отцве-тающего шиповника — август, а здесь еще не отцвел шиповник! — какая-то пичужка бойко высвистывает короткую песенку малого северного лета. И надо всем, свежим, светлым и радостным, — благословляющий перезвон — к "Достойно". Я делаю перед ок-ном привычные по утрам движения — "комнатную гимнастику", — дышу и дышу, вбираю в себя крепкий настойный воздух — с великих далей, с лесов и Ладоги. Такого воздуха нет нигде. Он до того прозрачен, что видно за проливом отдельные деревья, пестрые мхи на камне, трещины и "слойки", как мотается мачта на монастырской сойме, как чертят по голубому небу черные точки ласточек, как по краю горы, над при-станью, чернью блестит на солнце чугунная решетка.

— Молитвами Святых Отец, Господи Иисусе Христе Боже наш. Мы одеты, чего-то ждем, почему-то смущаемся высунуть нос из кельи, и возглас брата Василия восхищает нас. Я кричу радостно — "аминь!". Брат Василий, умасленный и новый, он теперь мне напоминает молодца-лавочника, — вносит обед! А чай-то как же?

— Рано у нас обедают. Одиннадцать уж, все намолились — наработались. А чаек бы-вает после ранней, кому желается. Ну, может, отец гостинник и благословит чайком.

Он ставит поднос с мисками. Пахнет ужасно вкусно — будто перловый суп? Я за-сматриваю по мисочкам: будто и суп — и каша! Монастырская крашеная ложка, с благословляющей ручкой на стебельке, с написанным в выдолбке собором, стоит в похлеб-ке — не падает. По винегрету рассыпаны кружочки лиловой свеклы и глянцевитые рыжички. Брат Василий выглядывает за дверь, не идет ли отец Антипа: видно, хочет пого-ворить, — московский!

— Хорошо спали-почивали? Это вот хорошо. Пользительный, значит, воздух... — и губы его шевелятся, хоть он и умолкает.

Я спрашиваю его, что это он все шепчет. Он почему-то запинается, но видно, что ему хочется мне ответить.

— Это и вам пользительно. От всяких забеглых мыслей и суемудрия надо тво-рить "Иисусову молитву". Знаете?..

Я не знаю. Он говорит, раздельно: "Господи Иисусе Христе Сыне Божий, по-милуй мя грешного".

— Великая от сей молитвы сила, но надо уметь, чтобы в сердце как ручеек журчал, этого сподобляются только немногие подвижники. А мы, духовная простота, так, походя пока, в себя вбираем, навыкаем. Даже от единого звучанья и то может быть спасение.

Я не понимаю. Я даже спорю, что от "звучанья" не может быть спасения. Брат Василий выглядывает за дверь.

— Надо вас просветить, — вздыхая, говорит он. — По скудоумию нашему Господь снисходит, просвещает даже и звучаньем святого слова. Я уж вам поведаю, какое вра-зумление мне было. Вы и запомните, для назидания. В миру этого не понимают, а при-ехали на Валаам — просветитесь для пользы души. Вот, как и вы, спервоначалу и я сомне-ваться стал. А это мне, значит, от него было искушение. Стал раздумывать, а уж он и поселился в душе, стал нашепчивать: "не молись походя, не шепчи пустой ду-шой великое слово!" Стал я пугаться... может, это ересь во мне стала, страх-то? Пошел к своему "старцу"... Какому "старцу"-то? И этого не знаете?! Обязательно должны знать, как же. Это в миру у вас все беспастушные, как овцы без пригляда, а у нас нельзя. У нас враг спасения о-чень напрягается смущать, ему в монастыре-то особенно хочется победить, а в миру-то — все под его началом. Вот, для спасения души, о. игумен каждому назначает старца, опытного в духовном делании. На всю жизнь старец назначается. А вот мы ему должны все начисто открывать, всякое помышление греховное или сомнение какое, а он и наставит. Будто всю тяготу с души на себя берет, и нам от сего облегчение, как у Христа за пазушкой. И укрепляемся против наступления врага. И пошел я к своему старцу. Мудреющий старичок, очень любвеобильный. Пришел я, а он так на меня и воззрился. И вижу я, что ему извест-но, что у меня в душе дух злобы гнездо вьет. И говорит мне старец: "молись, молись, и да не усумнишься!" Будто провидел, сказал-то как — "и да не усумнишься!" Я ему в ноги пал и все ему открыл, усумнение-то мое. Он меня благословил и возвестил. Возвестил-то? А так у нас, на Валааме, всегда говорят — возвестил. Значит — приказал. "Кайся,— говорит,— И вот тебе по пятьсот поклончиков на день, за твое суемудрие. На сорокадневие. Да вот еще я тебе, говорит, во вразумление скажу одно словечко, вроде как притчу". И такую притчу сказал... сразу я проникся понятием смысла. Потому духа высокого мой старец, вроде как прозреватель.

— Какую же притчу? — спросил я, жаждавший узнавать.

— А вот какую, но только вы уж меня не искушайте, не посмейтесь. Была, го-ворит, у одного архиерея ученая птица, зовомая — попугай, потому что красные перья на хвосте носила. И знал тот попугай многие словеса кричать, наслышан был от того архиерея. А у архиерея была привычка... строгий был архиерей... все так, как кого наставляет "не дерзни!" — так все говорил, и очень строго. Попугай и перенял, и полюбилось ему то слово. Все, бывало, его кричал — "не дерзни!" И случилось тому попугаю отлететь от архиерея... ну, скажем, не досмотрел служка. И взвился тот попугай в самые небеса. А за побег послан был на его ястреб. Цап-царап его сверху, в спинку ему вцепился... Попугай как заверещит со страху, да и крикни, в полную свою глотку, —"не дерзни-и!.." Ястреб как услыха-ал человеческий голос, перепугался, да со страху попугая и выпу-стил! Вот какая притча. Понятно, никто такого не видал, а такая

80

притча, для вразум-ления. Искуситель змий, враг довечный, как ястреб стережет, и самый звук имени Го-сподня ему престрашен. Вот он меня и смущал сомнением — "не молись, не поминай!". Обернуть хотел; дескать, суесловлю я, легкодушно святое Имя в уме держу. И получил наставление..."

— Молитвами Святых Отец, Господи Иисусе Христе Боже наш...— слышится за дверью, и на ответный "аминь" входит озабоченный о. Антипа.

— Чего застрял, суеслов? — шутливо пугнул он брата Василия,— дам вот послушание, недельку помолчать... Отдохнули с дорожки? — спросил он ласково, и его взгляд уставился на блюдечко с окурком. Он вздохнул, но ничего не сказал.

Я знал от богомольцев и читал "правила" на стенке кельи, что курить в мона-стыре не разрешается. Я возмущался "строгостью", но признавал, что монахи имеют на это право: они меня не звали, я сам приехал, а "в чужой монастырь со своим уставом не суются!" Это мог бы сказать о. Антипа, но не сказал, может быть, не хотелось смущать меня. Я сказал откровенно:

— Простите, батюшка... не воздержался.

— Да-да, слабость греховная. Бывает, и лба не покрестят, как проснутся — за куре-во. — Я так и делал. — Да не в табачке дело, а в слабости, в плоти угождения. Воз-держание первая ступень. Поотдохнули?

— Все очень хорошо, — говорю, — только жестко, бока болят.

— Же-стко?! — укоризненно посмотрел о. Антипа.— А там мягко нам будет? Пери-ны пуховые пагуба. Тело нежится, а душа спит. А псалмопевец какой стих поет, а? Не знаете... "Человек, яко трава дние его, яко цвет сольный, тако отцветает, яко дух пройде в нем, и не будет, и не познает к тому места своего".

— Так что же тут..?

— А вот то же. Не ублажай тела, потому оно — прах, а о душе пекись. Душу-то забываем. У вас дух-то и немощен, против табачку не можете, а что уж, как поважнее что будет. Я к слову так. А теперь надо вам соблюсти устав, к отцу игумену объявиться, благословления на жительство испросить. Я и поведу вас... вы московские, а настоятель наш, игумеи Гавриил, маленько московский тоже, земляки будете... вот и поведу.

— Очень рад, — говорю, — с благословения вашего, батюшка, и пойдем... — стараюсь я попасть в монастырский тон, — и чувствую, что выходит нехорошо. О. Антипа машет на меня:

— Да нет, не иеромонах я, не достоин благословлять... монах я простой, гостинич-ное послушание несу. Тлен, понятно, и греха много, в нельзя обители без хозяйства вот и хозяйствуем.

После, приглядевшись к нам, о. Антипа немного приоткрылся, и я понял, что тут не послушание только, а подвиг, и трудный подвиг: о. Антипа поборол искушение, искушение, как он говорил, "принять наитруднейший подвиг".

— Какой я иеромонах буду, ежели все среди мирян в гостинице пребуду? Либо иеромонах, либо гостинник. А я попривык к делу. Ну, милостив Господь, потерпит грехам моим.

Он надевает подрясник побелее и ведет нас, "московских-диковинных", к святым воротам, к сердцу обители, к собору.

IV

у о. настоятеля. Чудеса

Мы проходим в монастырские ворота, которые называются — святые — над ними церковь Петра и Павла. Дальше — еще ворота. Говорю: "как в крепости живете!" О. Антипа не понимает будто и говорит с улыбкой:

— Пустынножителям всегда надлежит в крепости пребывать. А, про камни вы разумеете... Это дело хозяйственное, строено на века. А на врага у нас крепость — Крест Господень. От врага камнем не оградишься. Крестом да крепостью духа ограждаемся.

Проходим еще ворота, и открывается "монастырский двор". Справа — великолепный собор Преображения Господня. Какой лучезарный свет! какие синие купола в лазури, золотое крестов блистанье! Всплывает, от детских лет: "Лик Его был как солнце, и ризы белы, как снег". Нет, не забыл еще. Как раз об этом рассказывал на экзамене, когда поступал в гимназию. И вот, тоже 7 августа, как тогда, — такой же солнечный день, с северной крепкой свежестью — и вижу, как и тогда я видел, Преображение Господне. Только тогда был Горкин, рассказывал про "трех Спасов" (См. "Лето Господне"-Яблочный Спас.) и утешал: "не робей, впустят тебя в училищу". И вот "впустили", и вот уже я студент... Милого Горкина уже нет на свете, но вот почти такой же, такой же русский и ласковый, — о. Антипа. И говорок его чуть похожий. Только не говорит — "милок".

— А теперь, милые, проведу вас благословиться к о. игумену Гавриилу. Добрый он, не бойтесь, благословит на доброе пребывание.

"Не бойтесь"... Словно, бывало, Горкин: "ты не робей, впустят".

Слева, против собора, блестит на солнце широкое застекленное крыльцо — вход в настоятельские кельи. Послушник, в белом подряснике, поклоном, молча, встречает нас. Чисто, крашеные полы, ковровые "дорожки", фикусы в кадочках, огромная лапистая арма. О. Антипа подходит к арме, снимает пальцем капельку с широкого копьевид-ного листа и говорит шепотком, благоговейно:

— Господом указано цветку сему возвещать погоду: как начинает плакать — жди дождичка. Сию арму еще о. Дамаскин садил.

Потолок — сводами; по белым стенам — картины, разные виды валаамские, труды наезжих художников, дар за гостеприимство. А вот, на портрете в раме,— суровый хозяин валаамский, великий устроятель, о. Дамаскин покойный. Чтут его на Валааме крепко. Куда ни пойди — везде наткнешься на дела рук его и железной воли: мосты, дороги, кресты гранитные, канавы, обложенные камнем, водопровод... Возле высоких старинных часов в футляре, мерно отсчитывающих неспешное время валаамское, стоит смиренно старушка-богомолка, в лиловых лапотках. И ее примет владыка валаамский? Всякого принимают тут: "нет у нас зрения на лица".

— Понятно, каждому свое уважение... — шепотком говорит о. Антипа, — Ина слава солнцу, ина слава луне... Ну, ее после примет, а вас я наперед проведу. Надобно мне к гостинице поскорей, да и московские вы, на вас слава далекая, а дальнему особое уважение — почет.

И серый глазок его смеется. Я спрашиваю про бледного послушника у двери, опустившего голову в печали, — почему он такой, приговоренный.

— А провинился. Это место, у притолоки, — для горького покаяния. Вот и ждет послушания себе. Вы уж на него не смотрите, он и без того сокрушается. Не велик грешник... так, маленько чего ослушался.

Из соседней комнаты выходит настоятель. Старушка хочет к нему приблизиться, но о. Антипа ограждает: "Не лезь первая, тут покажи смирение — там зато будешь первая. Ты уж другажды добиваешься, я тебя знаю, а мы в первый раз".

Игумен Гавриил — настоящий властитель валаамский: высокий, крепкий, с умным взглядам добрых и светлых глаз. Говорит неспешно, плавно, видимо — думает, пойдет ли к делу. Благословляет нас. Провинившийся послушник земно кланяется ему и стано-вится ждать у притолоки. О. Гавриил удостаивает нас чести: приглашает на чай, в гости-ную. О. Антипа доволен, ласково мне мигает, словно хочет сказать: "говорил — не бойтесь!"

Мебель гостиной — старинная, красного дерева, тяжелая; стол овальный и опять — высокие часы с курантами: помнить надо — "время пению, молитве час". Над столом картина

Шишкина, писанная художником в море, "за две версты". Святые острова, дремучие леса на скалах и белый монастырь, благословляющий крестами; скит Николь-ский, скит Всех Святых, и над водами — чайка.

— Знаменитый Шишкин это, —- говорит о. игумен, — во славу Божию здесь трудился. Художники нас не забывают, любят природу Божию. У нас и свои художники, весь собор сами расписали. У нас и школа живописная. Все посмотрите, и святыни, и мастер-ские наши. Из Москвы вы... А Донской монастырь вы знаете?

Господи, Донской!.. Там похоронен мой отец... и Горкин. О. игумен учился там:

— В духовном училище там учился, Москва — родная мне. И грустно улыбнулся, вспомнил.

— Благословляю вас, посмотрите все. И на лошадке можно, куда подальше. И на лодке, и на нашем пароходике, по скитам.

Мы получаем благословение — "на все благое". Это здесь очень важно. Здесь без благословения ни шагу, строго.

Перед нами—собор Преображения Господня, уходит в небо высокой колокольней. Тридцать и три сажени! Синие купола горят. Гранитные колонны в окнах и у крыльца. Гранитные кресты на камне. Все опоясано гранитом. Строено на века И все построили монахи, сами. Не верится.

— Все сами?!—спрашиваю проводника-монаха.

— Работа братии, — ответствует он смиренно.

И я вспоминаю, как часто говорилось — "монахи — тунеядцы"! Да как же так? "Все, до последнего гвоздочка, сами", "Бог помог", "для Господа трудились". И все без похвальбы, смиренно. Чудеса!

Входим в законченный нижний храм, — здесь престол преп. Сергия и Германа. Колонны, своды, стены — в узорах, в херувимах. На голубоватом своде — звезды. И это сами? Все? Работа братии. И этот иконостас, резной, розово-голубой и золотистый, — сами? Господь помог.

— А иконы?

— Работа братии.

— А... кресты на куполах?

— Здесь *лили*. Из братии трудились... — смиренно отвечает монах, перебирая четки.

Поют старинным, "знаменитым" распевом — валаамским. Слышится мне народное, простое, трудовое, — и грусть, и вскрики. И голоса — простые, простонародные. Слышится мне родное: певали так артелью, у нас, бывало... Мне нравится.

В колоннах, справа, — серебряная рака, "спуд". Мощи Преподобных, Сергия и Германа, — под спудом. Монах поясняет скупо, лет семьсот тому, из Нова-Города вернулись Преподобные "на родину"; от шведов увозили мощи, дабы не надругались "лютеры", и вот, "глубоко", под спудом почивают. Мы преклоняемся, прикладываемся к ликам на серебре. Поют молебен. Недалеко от раки — схимонах. Укрылся схимой, лица не видно. Я с содроганием смотрю на схиму: шито белым по черному — крестики, слова, — молитва? — череп, кости... Чтобы о смерти помнить? Вспоминаю: "человек, яко трава дние его..." Не понимаю, но... узнаю? Заговорить бы..? Но схимонах недвижен, весь — в ином. Схимонахи... кто же? Я, студент, этого не знаю. *Для чего* — не знаю. Или — знаю? Как будто рассказывал мне Горкин..? Старый плотник — знал. А я не знаю.

Верхний храм — а отделке, там леса. Провожатый неразговорчив, ведет нас в сети перекладин, охраняет — "вниз не смотрите, тут опаско". Идем несмело. Расписывают стены, висят на тоненьких дощечках — жуть. Старый худой монах, весь в краске, с кистью, поясняет:

— А это фарисеи... носы-то ишь у них какие... горбатые! А это — притча... И начинает объяснять нам притчу.

— Да они учены, — говорит монах, — все притчи знают. Ты, о Федул, своди-ка их на колокольню, про колокола скажи, а притчу они знают, ученые. Мне к тебе ведено свести, с рук на руки отдать.

— Уче-ные,— оглядывает нас о Федул — Ничего ученые не знают! Ученые и Господа не почитают. А вы Господа почитаете?— спрашивает он нас, в упор и строго.

— Ну, о. Федул... — смущенно говорит наш провожатый, — тогда зачем же к Преподобным они приехали!

— Вы не обижайтесь... — говорит о. Федул, и во взгляде из-под седых бровей я вижу пытливое сомнение. — Много ученых нонче, кои Господа не почитают. А что апостол-то говорит? Где умные и разумные, а? где совопросники века сего, а? На Страшном Суде ответят. Ну, пойдемте на колокольню, Господь с вами.

Идем за ним. Чувствую я, смущенно, что есть и некая правда в словах о. Федула. Идем по широкой гранитной лестнице. Навстречу попадаются монахи, в рабочих рясах, с шайками извести и кирпичами. В первом пролете — громадный колокол.

— Ты-ща пудов! — говорит о. Федул — "Андреевский", за полсотни верст, в Корелах слышен. Апостол Андрей Первозванный сам сюда и входил и Евангелие изуверам возвестил. И "во всю землю изыде вещание и в концы вселенные глагол его", А звон у него ма-а-линовый! А что Исаия пророк говорит? Ну, вы, ученые, ну? Вот и не знаете "Да воздадут Господу славу и хвалу Его на островах да возвестят". Вот и возвещаем на островах.

Виден весь монастырь, пролив, пароходик "Св. Николай" у пристани, сверкающая на солнце Ладога.

— На сем колоколе чудо сказалось!

— Чудо?..

— Вера горами движет. В отсечении воли мы, и что возвещено нам—исполняем, ежели даже и не разумеем, а по вере все нам дано есть!

Сказав это, о. Федул перевел дух и посмотрел на меня, как бы говоря: понял, ученый?!

Я не понял.

— Чудо не чудо, а и чуду не уступит. У нас каждого к делу приставляют, на послушание. Да мужички у нас больше земельку знают, а по мастерству уж Господь наводит. Вот и о. Леонид, а кузнице был. То был литейщик, а тут и возревновал. Пошел к о. игумену и говорит: "мало мне работы в литейной, благослови, Отче игумен, в кузнице поработать". О. Дамаскин и благословил — "только не возгордись!" — сказал. А тут и привезли этот самый колокол из Питера, ввезли на гору, поставили у часовни. Надо его теперь пока на столбы привесить, собор и не начинали класть еще. А хозяин кузницы заболел, в больнице лежал. Вот игумен Дамаскин и посылает казначея к о. Леониду: "возвести ему, чтобы сковал восемь хомутов, колокол чтобы на столбах держали... он у меня сам на это дело напросился". Пошел казначей к о. Леониду и возвестил. А тот только гвоздочки ковал, учился. Убоялся, заплакал — "не смею такое послушание принять... не токмо что ковать хомуты, а видать-то не видал, каки и хомуты бывают". А колокол бо-льшие деньги стоит, — ну, сорвется с плохих хомутов... какой разор-то! Ну, возвестил казначей игумену. "Иди, говорит игумен, возвести о. Леониду, благословляю я его" О. Леонид в но-ги казначею, слезами обливается... — "не могу послушания принять, недостоин я!" Ну, опять благословил его батюшка Дамаскин: "иди и возвести: сам возревновал, пусть и орудует... благословляю я его, скует хомуты, Господь поможет!" И что же думаете!..— воззрился на нас о. Федул,— просветление на него нашло, сам рассказывал, — такие-то расчудесные хомуты сковал..! Самые мастера потом дивились. Под нами вились стрижи, кружились округ крестов, влетали в просветы колокольни.

Мы поднялись на последний ярус.

— На скиты-то гляньте, где наши схимонахи обретаются, в лесах живут, как звери полевые, хвалу Господу воздают.

— И молчат?..

— И молчат... а что? Потому — воли отсечение. Молчи — и молчит. В Предтеченском скиту схимонах Василиск другой год молчит. И больше промолчит и со-рок лет про-молчит! Сколько благословит игумен — до срока и молчать будет, и в радость ему это. А слыхали про схимонаха Иоанна, на острову жил? Любил он, как я вот, грешник, с добрым человеком поговорить. А у батюшки Дамаскина покойного все на виду. И задумал послушание его испытать. Призвал — и говорит:

"считай себя недостойным с людьми говорить, молчи! разрешаю тебе с Господом беседовать, да, когда придется, со мной или с духовником" Да 14 лет так-то! А потом, чтобы смирение его пуще испытать, и возвестил: "недостоин ты такой подвиг нести... говори, как и обычно". И заго-ворил, и не возроптал. Ну, а у вас есть такие?

— А зачем все это? — не понимаю я.

— Ученые, а не разумеете. Да я не в осуждение, Господь прости. Да как же мы с самым страшным врагом бороться можем, ежели волю свою не скуем? Все на приказе, все на самоусечении стоит, когда Господу служим, а Он по пути ведет. Грех Адамов из чего пошел? Из непослушания. Так и всякий грех на земле. Тут у нас кузница божьих деток, святых работников... во славу Господа и для жития земного устроения. Будут времена горшие, и тогда восплачем. Ну, выше еще полеземте.

Над нами был самый последний ярус, "непроходимый", — сказал так о. Федул, — "зрящая труба". Оттуда в подзорную трубу следит приставленный к послушанию, когда нанесет туман.

— Можно, брат Ляксандра, ученых этих туда подать? — спросил о. Федул брата — "назирающего" за Ладогой: блуждают в тумане корабли, а "надирающий" — смотрит, и как завидит в тумане искру — велит звонить.

— Не смею, батюшка... — замялся несмело послушник, — о. игумен только меня благословил. Коли возвестит — пущу. О. Федул похвалил послушника.

— Упражняйся, брат Ляксандра. И знаешь, что трубе ничего не сделается, а нельзя, ежели нет благословения.

— Хорошо здесь, какая красота — даль!

— Стой и зри, коль красна вселенная! — согласился о. Федул — Да о душе-то помни, пекись о ней. Сказано, не прилепися к сокровищу. Во-он, — показал старик на лесные дали, — скит Всех Святых. Там у нас схимонахи есть. Вон Предтеченский, тоже схимонах живет. А во-он, чуть видать, Коневский, тоже схимонах обретается, о. Сысой, прозор-ливец.

А вон — и Ляксандра Свирепого. Вся тут, пустыня наша. Леса темные, кресты гранитные, церковки среброглавые, святые места. Тишина у нас, покой душе. А который человек с воли, дух в нем и ходит непокойный, и нет мира в костех его.

— Да вы философ, о. Федул! — пошутил я.

О Федул поглядел с сомнением: незнакомое слово его смутило.

— Ишь вы чего сказали! По-вашему, может, и обидно, а мне что, суемудрия не приемлю. А почему вы такое слово сказали? А потому, что дух суемудрия в вас мятется. Ишь, высь какая! Вам, небось, и глядеть-то страшно, а у нас, повыше еще, монашек кумполок красил да молитвы пел. А старичок, за шестьдесят ему было. Ветром его, словно на озере, об кумполок раскачивало-потукивало, а он — "Царю Не-бесный", да пел-то как!.. А почему? Благословение, воли отсечение. "Лезь, о. Анфим!" — возвестил игумен, — он и лезет, и молитвы поет. А тридцать три сажени!.. Вон, братия из храма пошла, трапезовать час пришел. Ну, пойдемте, заговорил я вас.

Мы стали спускаться с колокольни.

V

В трапезной

— Господи Иисусе Христе Боже наш, помилуй нас... Брат Василий вносит обед.

— Я уж на одну персону только принес. А вам о. Антипа послушание назначил, — с улыбкой говорит он мне, — в трапезную пойти. Там у нас чинно, под жития вкушают.

Я не понимаю, справшиваю его: что это значит — "под жития"?

— Все вкушают, а очередной чтец читает про "жития". Это, чтобы вредные мысли не входили. Пища молитвой освящается, тогда и питание на пользу. Никакой чтобы заботы в мыслях.

Я удивлен: как раз и в физиологии это говорится, — читал недавно "Физиологию" Льюиса. Оказывается, и монахи знают.

Я говорю брату Василию, что об этом и в науке говорится, чтобы принимать пищу в полном спокойствии, без раздражения. Он глядит на меня с сомнением, не подвох ли в моих словах.

— Вашу науку мы не знаем, а святые отцы так установили, из древних лет. Такой наказ есть, старца Назария Саровского: "вкушать молча, как бы какое священнодействие совершаешь".

— Это называется — физиология питания! — говорю я.

— А по-нашему наказ старца Назария, — говорит упрямый брат Василий, — чтобы хлеб насущный не осквернять дурными помыслы. А для женска пола, для их персоны... — показывает он на мою жену, трапезная при гостинице у нас. Но для них чина не полагается, без "житий" вкушают. '

— Вот это грустно, — говорю я. — А если дурные помыслы? Несправедливо оставлять женский пол без охраны от искушений.

Брат Василий чувствует мою шутку и улыбается. Говорит, что наказ для братии установлен, но и в женских обителях, говорят, тоже под "жития" вкушают.

Далекое, наивное: милый простак, просвещавший меня духовно, — и я, юный студент, учивший его ученой мудрости.

Я иду в трапезную палату. Она в монастырском четыреугольнике, против ворот, при церкви Успения Пресвятой Богородицы. Встречается о. Антипа, несет корзиночку. Я заглядываю в нее и вижу: крупная красная смородина! Это изумляет меня, как чудо. В Москве она отошла давно, там и малина уже сошла, а тут — снова вернулось лето. О. Антипа достает кисточку, показывает мне и сам любуется: смородина сочно сквозит на солнце — живые яхонты!

— Крупная-то какая, будто клюква. На праздник Преображения Господня десять пудов собрали, а это остаточки, благословил о. настоятель на трапезу, в гостинчик. Сады-то наши не видели еще? Посмотрите. Все монах Григорий, великим тружением своим. Через него и смородинка у нас и яблока сколько собираем, и слива есть, и вишня, во славу Господа. Двадцать лет на себе землю таскал, сыпал на голый камень, на ржавую луду, а теперь вся братия радуется, и богомольцев радуем. У нас даже восточная травка произрастает.

— Это какая же... восточная?

— А как же, неужто не знаете... ис-соп! Царь Давид в псалмах как взывает?.. "Окропиши мя иссо-пом... и очищуся..." На Востоке он жил, вот и восточная, потому. Сходите вкусите с братией, поучения послушайте, и во здравие питание вам будет. Сами потом скажете, вкусная какая ваша пища. С молитвы такая вкусная, освященная.

Я вхожу в трапезную. Длинная, невысокая палата, своды. Вижу длинные-длинные столы, простые, непокрытые, и на них, чинными рядами, миски, светлые липовые ложки, белые ручники, холстинные, накрывающие попарно миски, — все ровными-ровными рядами, — солоницы, оловянные уполовники, приземистые широкие сосуды — чаши, будто из тускло-старинного серебра, налитые бордовым квасом, с плавающими, как уточки, ковшами, темные ломти хлеба, и эти белоснежные ручники — холстины, похожие на крылья чаек... — так мне напоминает былинные "бранные" столы и что-то близкое и родное мне... — рабочие праздничные столы нашего старого двора в далеком детстве? Пахнет густо и сладковато-пряно — квасом и теплым хлебом. Вдумчиво-сокровенно смотрят с пустынных стен — благословляют преподобные подвижники, в черных схимах.

Молитву уже пропели. Братия сидит чинно за столами, в глухом молчании. Чувствую я смущенно, как испытующе смотрят на меня, такого невиданного здесь, в серой студенческой тужурке, в золоченых пуговицах с орлами, отыскивающего себе местечка. Кто-то мне шепчет строго: "подале, подале, за братию... богомольцы там, во второй палате". Я прохожу рядами темных, немых столов, взирающих в строгой тишине, и нахожу местечко — рядом с бледными старичками-олончанами. Против меня сидят при-тихшие питерцы — извозчики, ехавшие на пароходе с нами. Они знакомо моргают мне, как будто хотят сказать: "здесь, брат, не поговоришь... стро-го здесь!" За старичками-олончанами сидит тощий монах, глядит на пустую мисочку, не поднимая глаз, и, ка-жется мне, тоже говорит в молчанье: "да, строго здесь".

Вдали, в первой палате, за головным столом, перед самым иконостасом, кто-то властный звонит резко-тревожно в колокольчик. И сразу, как по команде, встают от столов прислужники и идут в поварню за кушаньем. Перед иконостасом какой-то инок истово-чинно крестится и кладет земные поклоны. Я спрашиваю тощего монаха, почему это кланяется инок, а не сидит со всеми. Монах не отвечает. Знакомый питерец опасливо говорит: "провинился, надо полагать". Тощий монах шепчет, не поднимая глаз: "за трапезой у нас молчание полагается".

Прислужники вносят оловянные мисы с кушаньем, ставят их на столы рядами, одну мису на четверых, и теперь видно мне, как вытягивается по столам оловянная полоса — дорога, дымится душистым варевом. Начинается хор нестройный, что-то молитвенное как будто. Это прислужники возглашают вполголоса, ставя мисы: "Господи Иисусе Христе Боже наш, помилуй нас". Старшие за столами ответствуют им — "аминь".

Трапеза начинается, возрастает немолчный шорох, благостно-сдержанный, — плесканье, звяканье; взмывают белые ручники, варево льется в миски, мелькают ложки, темнеют куски хлеба, склоняются чинно головы. Кажется мне, что совершается очень важное. Звучный, напевный голос вычитывает с амвона "житие" дня сего. Инок перед иконостасом все так же кладет поклоны.

Я вслушиваюсь в шорох, в мерное, углубленное жеванье сотен людей, и приходит на мысль не думанное раньше: какое важное совершается! Я как бы постигаю глубокий смысл: "в поте лица твоего будешь есть хлеб твой". Впервые чувствую я, забывший проникновеннейшее моление: "хлеб наш насущный даждь нам днесь". Смотрю на старичков-олончан, как благоговейно-радостно вкушают они этот хлеб насущный... не едят, а именно, вкушают, как дар чудесный... не услаждаются, а принимают молитвенно, чинно, в смирении... — и думаю: "как это хорошо! и это не простое, не обиходное, а священное что-то в этом, возносящее, освящающее человека!"

И вспоминается мне далекое, ушедшее. В детстве Горкин мне говорил, плотник наш: "кушай, милок... это хлебушка наш насущный, заработали мы его с тобой... крестись, на хлебушку всегда креститься надо, дар Господень". Тогда и я вкушал — и с каким же благоговением! — кислый рабочий хлеб, с плотниками, в артели, и необыкновенно сладок был этот "хлеб насущный", забытый в детстве. И вот воспомнился, отозвался здесь, на Валааме, в иной артели, — тех же русских простых людей, рясой прикрывших свои рубахи и трудовые плечи, только людей особых, отобранных, собравшихся с сел и полей российских во имя Божие, — "идейно", как я говорил тогда. "У нас мужички все больше", — помнились мне слова о. Антипы.

За нашим столом трапезуют богомольцы, больше простой народ, и даже нищая братия, и эта нищая братия ест из такой же миски и такой же ложкой, липовой, с благословляющей ручкой на стебельке, как и о. настоятель, блюститель трудового, святого Валаама. Старички-олончане, в заношенных сермягах, благолепно-старательно хлебают густую перловую похлебку и озираются. Кажется мне — не верят, что они равные здесь, — кажется, что боятся: а ну как скажут — "ступайте-ка отсюда, не вам тут место!" Нет, не скажут. Тощий монах ласково говорит им: "ешьте, братики, на здоровье, во славу Божию", — и еще подливает им похлебки. Они смотрят несмелыми глазами и крестятся.

— Не часто небось приходится так обедать, — шепотом говорит питерский из-возчик, показывая мне глазом на старичков, — бедный народ, эти олончане да корелы, рады — до чистого хлеба дорвались.

— В рай попали... — шепчутся старички и крестятся. — Уж так-то сытно да сладко... И слова никто не скажет.

Вижу других, таких же, с истомленными лицами, в заношенной одежде, робко взирающих, прислушивающихся к напевному голосу чтеца: "богатый в питиях и явствах пребывает, а о бедных и о душе забыва-ет..." Слушаю я, смотрю

94

на нищую братию, и закипает в сердце. Думаю привычно, по-студенчески: "этого не знает Бебель... это тоже социализм, духовный только... приехал бы сюда, монахи наши могли бы внести по-правки в его социальную систему..."

Миски меняются. За перловой похлебкой приносят мятый картофель с солеными грибами. Старички ужасаются: все несут! Ставят новую мису: щи с грибами, засы-панные кашей.

— Ешьте, братики, на здоровье... еще подолью, — шепчет тощий монах, — поправь-тесь на харчиках Преподобных Сергия и Германа. Они тоже были, как мы с вами, работнички... долю вашу знают.

Кажется, и конец трапезе. Нет, ставят еще прислужники: каша, с постным маслом.

— С маслицем никак... Го-споди-батюшка!.. да еще с духовитым! — изумляется старичок, принюхиваясь к ложке, — за что такая милость... да с елейным..!

И вот разносят на оловянных блюдах чудесную красную смородину, взращенную на валаамском камне великими трудами неведомого инока Григория.

— А это уж баловство-о... — говорит питерский извозчик, радуясь. И старички ухмыляются, любуются на смородину, как дети на конфетку, пошевели-вают несмело пальцем: да уж есть ли. Посматривают на квас в чаше и робко спраши-вают монаха: кваску-то можно?

— Да сколько охотки будет, — говорит монах, зачерпывает ковшом и подает.

— У-у, ква-сок... дю-же хорош квасок... — говорит, задыхаясь, старичок, передавая другому ковшик. — Знатный квасок... забыли, когда и пили такой квасок...

Трапеза заканчивается пением благодарения "за брашно". О. настоятель благословляет, братия чинно кланяется и отходит по келиям. Инок у иконостаса продолжает класть земные поклоны. Я спрашиваю знакомого монаха, почему инок не обедал, а молился.

— О. игумен так возвестил. А за провинность, смирение его испытует, в послу-шание ему и возвестил поклончики класть.

95

За трапезой, у братии на виду. Это уж для смирения, такое послушание.

— Да за что же такое испытание, на всем народе? Монах вздыхает.

— О. настоятель возвестил, для назидания всем. Вот, говорите — испытание, на всем народе... будто для стыда. В радость ему это, что на народе, будто покаяние принимают от него все. И никто не осудит. Наша воля у Господа.

Я выхожу из трапезной. Богомольцы идут вздремнуть. Кто отходит к решетке поглядеть на просторы Ладоги; кто спускается к пристани, посидеть в холодке, в ожи-дании часа, когда можно будет попить чайку, — раньше половины 3-го часа не полагается.

На пороге гостиницы о. Антипа встречает меня, раскинув руки, словно обнять хочет, —чудесный старичок, право.

— Ну что... посмотрели, как у нас трапезуют?.. понравилось?

— Чудесно, о. Антипа! И как трапезуют и как поклончики отбивают...

— Ах вы, шутник, право... — смеется о. Аитипа. — Смирение — путь во спасение.

— Знаете, о. Аитипа... — говорю я, чувствуя, что не могу не сказать самого важного, что переполняет сердце, — я вам так благодарен, что возвестили мне послушание...

— Нет-нет... — остерегает о. Антипа, — недостоин я возвещать.. это только о. игумен, по уставу. Да это я шутил, послушание-то. Понравилось — и славе Богу.

— Узнал у вас самое важное, самое глубокое... понял, как вкушают хлеб на-сущный... и что такое... вкушать!

Понял ли меня о Антипа Он взглянул ласково и потрепал по плечу.

VI

На кладбище. Сады. О. Николай

На высокой скале, над "Монастырским" проливом, покоится старое валаамское кладбище. Так и сказал нам кто-то из монахов, "покоится". Отделяет его от святой обители каменная белая ограда. В обители глухая тишина: дремлет Валаам под усыпляющий шепот сосен, под всплески Ладоги; а здесь уж не тишина, а глуше и глубже тишины покой. Так и подумал тогда "могильная тишина". И стало понятно мне книжное это выражение. Старые клены, липы, в золоте и багрянце августа, роняют листья на бугорки-могилки, поросшие травою. Весь Валаам из камня, много гранита и мрамора у него, но не видно надгробных памятников. Не любят иноки валаамских надгробий: память — богоугодное житие. У Господа — все на памяти. Круглые камушки на травяных бугорках кой-где.

"Послушник Василий. Преставился лета 1871, апреля в 26-й день, 23 лет от роду", — читаю я на круглячке могильном. Кто он, откуда родом, зачем пришел на это глухое кладбище в такие годы? "Меня еще и на свете не было, а уж он..." — пробегает в душе печалью, и заливает радостное сознание, что я жив, молод, а впереди... сколько же впереди, всего! Я смотрю на мою жену, юную, как и я, и говорящие глаза наши встречаются в одном чувстве: какая радость, и сколько же впереди — всего! Нам тесно на этом кладбище. Уйти бы. Но провожающий нас монах смущает: сразу уйти неловко, надо взглянуть "на схимонахов".

Вот, вдоль дорожки, под тенистыми кленами и липами, лежат голые каменные плиты. Все одинаковые, — как и те, что лежат под ними. Это могилы схимников, обитателей дебрей валаамских, скитов, пустынек. Одиннадцать их покоится, молитвенников, под-вижников, молчальников. Самому старшему 95 лет. Я знаю, что все эти подвижники — отдали свои жизни на служение "идее", что все они люди могучей воли, но непонятно мне, юному, студенту, зачем оставили они жизнь и близких, ушли в леса. И что же от них осталось? Только надгробные плиты да "жития". Я говорю монаху. Он вздыхает.

— Как можно... — говорит он, — а сколько же людям утешения от них было! А в Евангелии у Господа как написано? "Да оставит тленная мира и возьмет крест свой и по Мне грядет". Благое иго избрали себе. Как же так — для чего! Вот я вам скажу, какое дело. Вы как же душу-то за пустяк принимаете7 А в ней все дело, ее сохранить надо, воспитать для вечной жизни, как ей назначено, в приуготовление. Как так не можете понять? Нет, вы над душой подумайте. Вот послушайте. У нас здесь глухо, а все-таки народ доходит до самых глухих пустынек, до дебрей самых, желает от святого человека-подвижника благословения и молитвы... душа его желает. Вот один схимонах у нас и возревновал, надумался, в соблазне: надо мне душу спасать, очищать, а тут мне развлечение от людей. А жил он на дальнем островке, туда раз в год к нему народ добирался, требовал утешения. Он и возревновал; хочу совсем от мира отрешиться. И вот, глядите, какое произволение над ним, какое ему было указание. Значит так, будто подвижник ты, а про малых сих памятуй. И вот, благословился у о. игумена, у настоятеля, и ушел в пермские леса, в самую глушь глухую, где только одни медведи проживают. Ушел в Пермский край. В лес глубоко забился, поставил себе келейку, вроде конурки в ямке, землей прикрылся-пришипился и живет, молитвы правит. И было ему первое предостережение. Пошел он на ключик водицы взять, приходит в свою пустыньку, а шалаш его весь разметан, и сидит на пеньке медведь будто. Ну, он убоялся того медведя, схоронился в кусты. Ну, медведь посидел — ушел. Поправил свою келейку отшельник, опять молиться стал. И уж тут будто тот медведь, подумаешь-то, дорожку к нему и указал: пришли к келейке страждущие, ищущие утешения, стали досаждать ему нуждами, совета-благословения просить. Он еще дальше ушел, в самую-то разглушь глухую, оградой оградился, ставенки к оконцу навесил... — и туда дорожку к нему нашли. Станет он на молитву, а в ограду-то стук-стук, народ ломится, через ограду перелазят, в оконце стучат, утешения-благословения просят. Тут уж ему и открылось, сколько же горя непокрытого кругом, жалко народа стало. Может, ему Господь на мысли так послал. А он-то — схимонах простой, не иеромонах, не может благословлять, не в праве, благодати несподоблен. Уж тут ему даже горько стало, так проникся слезами приходящих. И вот, во снисхождение мирской скорби и ему в успокоение, разрешил ему преосвященный благословлять. Вот как взыскуют у нас подвижников. А вы говорите — зачем из мира уходить! Для подвига, для утешения, он уж выше мира обретается, подвижник-то, души ведет... как можно! Поглядите, как к нашим схимонахам влекутся. Значит, душа желает очищения, а вы говорите — для чего такое. Нет, недаром они на подвиге стояли. Поживете — узнаете.

Пожил я — и узнал, многое узнал. И как бы хотел теперь, через десятки лет с того августовского утра, найти крепко на подвиге стоящего, отрешившегося от всего земного, — благословиться. Где Россия, творившая светлых старцев, духовников народных? Есть ли они теперь, на новом Валааме? Сердце мне говорит, что есть, в необъятных родных просторах, неявные, может быть, прорастающие только в великом народе нашем. Придет время — и расцветут редкостные цветы духовные: Господний посев не истребится.

Тут же, у плит, из пня столетней липы мудрый монах устроил кресло, дабы пришедший сюда присел отдохнуть возле этих одиннадцати подвижников, поднявшихся над суетою мира, и поразмыслил над бренностью преходящего. Мы присели. Желтая бабочка покачалась на стебельке, выросшем из плиты, и полетела, порхая, за ограду. Падали бесшумно листья кленов, ровно плескала — вздыхала Ладога под скалой, медленно проплывали облачка — все говорило о движенье, о времени, ускользающем... куда?

На краю кладбища — длинная, травою обросшая плита.

Говорит на ней каменная надпись, что покоится здесь... король! Невероятно. Магнус II Смек, краль Шведский: "быв в короне, и схимою увенчался". Был такой, но едва ли бывал на Валааме. А может быть... Жизнь творится легендами, творит легенды.

Высокий гранитный крест осеняет покой отшедших — схимонахов, монахов, трудников: "Со святыми упокой, Христе Боже, раб Твоих..." У его подножия — аленький запоздавший мак, в росе еще. Жена робко его срывает, — можно ли здесь? И, взявшись — за руки, с облегчением мы выходим за ограду, на вольный воздух.

По краю скалы — чугунная решетка. Внизу, глубоко, — пролив. Солнце ярко горит, плющится на волнах, слепит. Скалы на той стороне проливе не так угрюмы, лес на них в солнце, повеселел. Видно, как бредет там берегом, по камням, монашек с берестя-ной корзинкой, сходить по грибы благословился, для братии; красная лодочка с монахами-гребцами плывет к островку в Проливе. А вправо — вольная Ладога, спокойная. Редко вспыхнет на ней барашком сизая волна, плеснет на камни у Никольского островка. Скит на островке — пустыня, ни единой не видно ряски. Прямо против него, на той стороне Пролива, как другой страж безмолвия лесного царства, светится над остро-верхими елями солнечным золотым крестом сребоверхая колокольня Большого Скита — Всех Святых.

Я гляжу вниз. Под скалой раскинулись монастырские сады, а по самой скале тянутся могучие клены, шелестят под ногами у нас вершины, багряные и золотые. Нет земли под ногами, а каким-то чудом висишь над океаном листьев. За краем его, внизу, — сады. Слава трудников Валаама, слава — чудо. На камне — лудой называют на Валааме этот камень, — взошли сады. Правильными рядами идут раскидистые яблони, груши-дули, сквозные вишневые деревья — радость. Вон и любимые ягодные кусточки смородины и крыжовника, взятые чинно в жерди, — видно отсюда даже блистающие грозды ягод — сквозные яхонты красной смородины, тяжелые сережки крыжовника. Прижавшись к скале гранита, чернеет деревянная

100

беседка, вся в зелени, в черемухе, в сирени и жасмине. Весной-то какая красота!..

— Садиком любопытствуете? — спрашивает старичок-послушник в скуфейке — Да, по весне рай у нас. Соловушки, ангельское дыхание воздухов, цветики Господни. Голову даже заливает, не отойдешь. Яблока у нас на весь год братии хватает. А какая анто-новка... На Благовещенье моченым яблочком утешаемся. А с чайном-то заваришь. И подумайте-то; ведь на камне произрастание красоты такой! Двадцать лет трудился тут монах Гавриил, землю таскал на луду плешивую, все сам насадил. А вон, поправей, у моста через овраг, другой сад. Там у нас лечебные травы произрастают. Там на каждой яблоньке, может, десятка по два сортов родится трудами о. Никанора пре-мудрого. Награды имеем за яблочки, медали золотые. А цветов-то сколько, какие и-аргины, и чего-чего нет! Иконы убираем, и Крест Животворящий, на Воздвиженье, и на хоругви, на крестный ход когда... Ли-лии произрастают даже, белые, чистые, вот архангел-то Гавриил пишется, с ли-лиями... самые такие, все трудами. У нас по озеру в июнь-месяце льдинки еще похаживают, а уж сады цветут — благоухают, дыханье ангельское такое... вон куда уйдешь, а все слыхать, как черемуха подает себя... по всему-то монастырю, томит даже, окошки уж прикрываем, размаривет душу.

— Поедут по скитам-то? — спрашивает знакомый богомолец, извозчик питерский, ехали с ними на пароходе.

— Поедут беспременно. Вишь, пароходик-то наш дымит, пары разводят. А куда ездить изволили?

— К "Коневской" ездили, к Александру Свирскому... А теперь куда повезут?

— О. казначей возвестил, чтобы к Андрею Первозванному, часовенка там, на высоте, очень живописная красота расположения. Бывали?

— Как не бывать, мы каждый год все скиты объезжаем, завсегда уж по скитам, душу радуем. Когда еще и парохода у вас не было, так на лодках ходили, годов тому двадцать. Мы старинные богомольцы, тогда билетов этих не выбирали. А теперь по билетам, за денежки.

— А как же-с, пар-то развести надо? То на своем пару возили, на веслах, а теперь надо пароходик оправдать. А с бедного богомольца мы не взыскиваем. Кто побогаче — за него мзду и положит, вот и ладно выходит, по-Божьи. Не правда разве? А не от корысти мы. Мы для богомольца всякое удовольствие предоставляем. Стих даже для богомольца поют, монашек наш придумал. "Пречудный остров Валаам" — называется, "обитель избранных людей".

Видно сверху, как на пристани, у пароходика, чинно расхаживают в долгополых рясках и острых шлычках, перетянутые кожаными поясами, мальчики-монашонки, отданные родителями в духовное наставление на год-другой. Ведут они себя чинно, солидно даже, как настоящие монахи. На их лицах — присматривался я к ним подолгу — залегла несвойст-венная их летам сосредоточенность, вдумчивость, сознание некоего подвига. Пожалуй и хорошо это. О. Антипа все говорил бывало: "от святого не будет плохого, молитвами силы набирают". Невольно улыбнешься, когда услышишь, как мальчуган, серьезный не по годам, входя к вам в келью с видом смиренного брата, напевно тянет "Молитвами Святых Отец, Господи Иисусе Христе, Боже наш, по-ми-луй на-ас..."

Неподалеку вижу я коренастого старика в священнической шляпе. Он стоит у решетки и смотрит к Никольскому скиту. Загорелые кулаки его постукивают по решетке, будто от нетерпения. Оттуда, с Ладоги, приходят пароходы. Но там еще ничего не видно. "Паро-ход!"—слышу я хриплый возглас, тревожный, возбужденный, и вижу, как рыжий сапог старика бьет по гранитному столбику решетки. "Слышите... гудит?" — тревожно говорит старик, сам с собой. Я посмотрел к Ладоге — нет никакого парохода. И услыхал: "и сегодня нет".

Я спросил: "Вы ждете парохода? Вы из богомольцев?" Он махнул рукой, устало, — безнадежно, так показалось мне.

— Прислан сюда, под начал, на исправление, указом. Прошли все сроки... все жду... три года здесь.

Он говорил отрывисто и, показалось мне, раздраженно. Взглянул на нас и улыбнулся растерянно, словно хотел сказать "видите, какое положение", — жалобно как-то улыбнулся, виновато. И я смутился: священник, старый человек и — для исправления, как мальчик! Мне было стыдно спросить его — за что же он под начал, на исправление. Но он сам начал говорить.

— Знаете, господин студент, там ведь у меня семья, шестеро ребят, попадья горюет, поджидает, а они забыли! Далеко, под Поневежем, Олонецкой губернии, глухое место наше. Ну, провинился, каюсь, пил. Да пора бы уж... Господь простил, видит мое раскаяние. Трудно попадье, просвирней в селе стала, дочка в селе учительствует, парни мои в семинарии...

— Что же вы не едете, если пора?

— Нет консисторского указа, да и приход мой занят. А у попадьи моей денег нету, чтобы хлопотать. Все и жду, — вот пароход придет, указ пришлют, приход дадут.., письмецо попадья напишет.

Тихо, словно на колесиках подкатился, подошел мальчик-монашонок и бухнулся в ноги священнику:

— Благословите, батюшка о. Николай.

Старик истово благословил его и дал поцеловать руку.

— Что, парнишка, не скучаешь? — потрепал он монашенка по щеке. — Отец его привез, по обещанию, потрудиться на монастырь. В бабки, чай, хочется сыграть, с мальчишками подраться, а?

— Не-эт — смиренно-грустно сказал мальчик, — греха много...

— Ишь, греха много, что говорит-то! Да знаешь ли ты еще грех-то? Грех, братец..! Господи, прости мои согрешения.

О. Николай не договорил. Загудел пароход на Ладоге и показал из-за мыса дым. В скиту Никольском, на островке, появились две черные фигурки вышли отшельники поглядеть на вестника покинутого мира. Белый пароход входит в пролив, оглашая могучим ревом тихие леса на скалах. Подвигается ближе, ближе. Видно темную толпу богомольцев на палубе. Слышно, как стройно поют на пароходе, церковное, вызывая лесное эхо: "...да воссияет и нам гре-шным... свет Твой присносу-у-у-щный..." Монахи на пристани отвечают: "..молитвами Богородицы, Светодавче, слава Тебе". Монастырская тележка с грохотом скатывается к пристани. Монах с книгой важно спускается по гранитной лестнице. Бегут богомольцы по горе — "мир" встречать. Подходят к решетке, смотрят. Говорят:

— Отец Николай-то как побежал... весточку поджидает все.

— Хоть и попривык к нам, а на грешную волю рвется — говорит старый послушник, — а отчего? Суемудрие все питает, в отсечении воли своея не приобык.

Нам страшно от этих слов Невыразимо жалко бедного батюшку Нам понятна его тоска. Мы крепко беремся за руки, идем к гостинице и взглядами говорим друг другу: нет, никогда не разлучаться! Нас встречает благовест к вечерне, вечерний отсвет на куполах, на крестах.

VII

Труды послушания "во имя".
Устав старца Назария

На высокой скале гранита — сажен тридцать — белое здание мастерских и водопрово-да. В нижнем ярусе — черное жерло кузницы. Входим. Как раз мальчик-монашонок набрасывает на колесо приводной ремень, и огромный машинный мех начинает выбрасы-вать из горна вихри слепящих искр. Мех тяжело вздыхает, сопит и хлюпает. Нам жарко стоять и у порога. Кузнец монах хмуро встречает нас немым поклоном. Жилистые его руки ударяют мерно по добела раскаленной полосе тяжелым молотом, и за каждым сухим ударом слышится влажный подхрип. Это в его груди. Над ним золотое сиянье искр. Даже на нем, даже в его седой

104

бороде вспыхивают и гаснут искры. Седеющие его кудри подхвачены ремешком, волосатая грудь раскрыта, на ней черные струи пота. Это "хозяин" кузницы, о. Лука. Ему, пожалуй, к шестидесяти годкам, а он с утра и до вечера с железом, огнем и молотом, — трудится послушанием во имя Божие, во славу Валаама.

А нам страшно стоять и у порога. Тут и литейная. Закопченный монах возится с лампочкой-коптилкой, формует в черной земле отливку. Даже не видит нас.

— Нам не надо надсмотрщиков, — говорит провожатый-монах, — для Бога работаем, а Бога не обманешь. Ревнуем во имя Божие.

Пораженный, я думаю: "здесь ни борьбы", ни "труда и капитала", ни "приба-вочной ценности", одна "ценность" — во имя Божие. Во имя, — какая это сила! Там — во имя чего? А эти, "темные", все те вопросы разрешили, одним — "во имя".

Осматриваем лесопильню, баню. На втором ярусе — слесарная, токарная, сверлильная, точильная, сушильная... — и всюду кипит работа, всюду визжат станки. И всюду —они, "темные", послушники, монахи, трудники.

— Бог в помощь! — говорит провожающий нас монах, входя в новое отделение мастерских.

Никто и не посмотрит, работают. Только монах-хозяин молча поклонится. Стоят у станков и богомольцы: пришли "Бога ради", по обету, — потрудиться не монастырь. Кто они? Питерские рабочие, "все превосходные мастера-специалисты". Глазам не верю: питерские рабочие... мастера?! А как же, все говорили там... на сходках в университете, что питерские рабочие самый оплот в политической борьбе за..? А вот, и они — "во имя", во имя Божие. Я вижу лица, хорошие, светлые, русские, родные, человеческие лица, добрые, вдумчивые лица. Ни злобы, ни раздражения, ни "борьбы".

— И подолгу работают?

— Да разное бывает... бывает, что и на месяц остается, а то душой охватит, войдет в него благостное, понравится ему святое дело, он и на полгодика останется. А бывает, что и совсем останется, избранные которые, призваны. А это уж как Господь. Человек человеку рознь. У одного души во плоти больше, она и покорит плоть. А вот монахи-хозяева — все первейшие мастера с питерских заводов, самые мозговитые, знатоки. А как работают-то... до кровяного пота. Потому что — во имя Божие.

"Что нам лениться? мы для Бога, мы уж на то пошли своей волей!" — слыхал я на Валааме часто. А там...

Смотрим водопровод, спускаемся в бесконечную глубь земную. Вода поднимается насосом на тридцать сажен. С пролива Монастырского видна гранитная высоченная ска-ла. Прорвали ее порохом монахи, устроили в ней водопровод. Те самые валаамские монахи, крестьяне больше, которые за всенощным бдением в темных углах собора, припав к каменным плитам, смиренно перебирают четки, творят Иисусову молитву.

— Сто сорок две ступени... — шепотом говорит монашек. Мы внизу, в небольшой каморке из кирпичей. Стены сочатся каплями В полу — "окно", закрытое решеткой.

— Не угодно ли заглянуть, ладожская водица плещется... не бойтесь, не глубоко, саженьки четыре только... в граните этот колодезь прорван. Сажени на две от берега ведет воду из озера труба... а отсюда машиной поднимаем.

Я встаю на колени, наклоняюсь, гляжу в глубину колодца: черная глубина, вода. Создателем этого "чуда" валаамского, знамения духовной силы иноков валаамских, был настоятель Дамаскин. Монахи рассказывают, что один инженер просил десять ты-сяч рублей за план и руководство сооружением. Игумен Дамаскин ответил: "Где нам, беднякам, такими миллионами швыряться!" — и отказался от плана инженера. Мудрый и деятельный старец решил делать хозяйственным способом и нашел "инженера" у се-бя — иеромонаха о. Ионафана. Когда-то тот работал на питерском заводе, понимал механическое дело. Он создал план и руководил работой. Весь Валаам работал — "воз-ревновал о Господе". И вот, после четырехлетних трудов кровавых, явилось чудо, — для Валаама,

106

несомненно, чудо! — которое так потрясло монахов, что даже и тогда, когда посетили мы Валаам — 30 лет после сооружения, — иноки говорили восхищенно об этом "чуде" и обращали на него внимание приезжих. И что же? Всегда и во всем суровые, строгие к себе, такие трудовые-деловые, мудрые, все еще радовались они "нашему водопроводу", радовались не как знамению силы своей, а как ребята замы-словатой какой игрушке. Они совсем не ставят себе это в подвиг, не относят ко "скудоумию" своему, почти и не говорят о том, как шли работы, они забыли даже имя строителя и приписывают его лицу, под управлением которого они жили в обители:

— При игумене Дамаскине сооружено. Он, батюшка, такую штуку воздвиг. В валаамских книгах об этом значится: "В 1860 г. О. Дамаскин начал и в 4 лета кончил весьма важное для монастыря и замечательное само по себе сооружение". Только и всего. В камере водопроводного тоннеля — 142 ступени! — высечена на камне запись:

"Поднята вода 1863 лета, декабря в 12 день". Такие же точно "глухие" начертания встречаете вы повсюду на молчаливом Валааме. Вот чудесная грунтовая дорога в лесной дебри, крепкая — "из хряща". Сколько труда положено было, чтобы провести ее по бо-лотам, по "луде", в трубощах. Сказано об этом скупо: "проведена сия дорога 1845 го-да". "Сей мост сооружен 1848 года". А кем — ни слова. Тут труды безымянные, "глу-хие", не для славы, а — "во имя". А раз "во имя", какие же тут могут быть слова о трудностях, о лицах, — "о суемудрии"!

Показывал нам водопровод монашек-парнишка, "механик при машине", совсем мальчик, лет шестнадцати, худенький. А какая осмысленность в скупой речи, какая сознательность в действиях, какая проникновенность служением во имя! И сквозь эту осмыслен-ность так сквозила наивность-детскость и... радость, что все это, что только мы здесь видим, — ихнее, братское, дарованное им Господом. Он, например, совершенно преоб-разился, оживился, когда привел нас на третий этаж, где стояли большие водоемы, и показал на веревочку: "а тут как бы живой глаз-дозор"!

107

— Это братия измыслила, сама... наш водомер тут. Как вода дойдет до краев, сейчас гирька на звонок надавит, и пойдет тревога. Я сейчас ремень с машинного приво-да долой, насос и перестает накачивать!

Я не сказал ему, что это давно в физике Краевича имеется: жалко было разочаровывать простягу. Возможно, что они и сами это изобрели, без нашего Краевича. Потом брат Артемий показал нам сушильню для белья — "сухим паром", потом — гидравлический пресс для отжиманья белья, подъемный кран, поднимающий грязное белье из бани в прачечную. И тут я вспомнил слова купца на пароходе: "на все у них машина"! На ферме, на скотном дворе, на пристани, в мастерских — все машины да "приспособленьица". Вокруг нас всюду шуршали приводные ремни, работали станки, визжали сверла. А я-то думал — косный народ монахи. А эти монахи — сплошь про-стаки-крестьяне — знали неизмеримо больше меня, студента, в "делах земных". А в "неземном", — что уж тут говорить. Они постигли сердцем великую поэзию молитвы. Они знали каноны, акафисты, ирмосы, стихиры какие-то — я не понимал, что это, — "кондаки", "гласы", "антифоны", "катавасии"... Они как-то достигли тайны — объединить в душе, слить в себе нераздельно два разных мира — земное и небесное, и это "небесное" для них стало таким же близким, таким же почти своим, как видимость. Я тогда еще смутно чувствовал, что они неизмеримо богаче меня духовно, несмотря на мои "брошюрки" и "философии".

Я знал их устав — "старца Назария Саровского". И пришла игривая мысль — искусить парнишку. Было это на пустынной лестнице водопровода. Я вынул кошелек и достал новенький двугривенный.

— Это вам за труды...

Брат Артемий покачал головой в смущенье:

— Нет-с... мы денег не берем.

— Ну, на бараночки вам, с чайком попьете...

— Нет, не могу принять. Устав почитайте наш.

Мне стало стыдно. Но я пробовал уговаривать. Мне

хотелось и поблагодарить милого мальчугана за рвение, с каким показывал он "славу обители".

— Да и зачем нем здесь деньги? Все равно, если и устав нарушишь, подашься на соблазн... все равно нечего на них купить здесь. Только душой намаешься.

И говорил это мальчик; говорил мне, студенту.

И так все, кому ни предлагал я плату за услуги, "уж если такое ввше желание благое, положите в монастырскую кружку, на нужды святой обители... пойдет от вашей лепты на бедных, много их к нам приходит". Раз только, сказал мне один брат, тоже отказавшийся от "злата":

— Уж если желаете оказать мне любовь вашу, пришлите книжку священную... епископа Феофана либо Брянчанинова... ежели только о. игумен благословит.

На стене гостиницы, у входа, висит за стеклом устав монастырский, обязательный для богомольцев и монахов. По этому уставу, без благословения о. игумена, ни богомолец к иноку, ни инок к богомольцу, ни даже богомольцы друг к другу войти не могут. Но слаб человек, и потому установлен надзор за ним.

Входя в гостиницу, вы заметите строгого лицом монаха. Это дозорщик. Он или стоит на крыльце, или расхаживает по коридору. В кармане у него книжка, где он делает свои заметки. Например: "брат Тихон заходил в келью N 28 и оставался там 10 минут". Это —"око" монастырское, для пресечения нарушений. Ино и говорят: "для слабых духом, для новоначальных и неокрепших с воли".

Какой-нибудь не укрепившийся еще инок узнает, например, что с прибывшим из Питера пароходом приехали его родные. Какое же искушение для "неокрепшего"! Сунется монашек к о. игумену за благословением, а тот по делам в отлучке. Он к о. казначею, — и о казначей по делам ушел. А повидаться хочется. Вот и бежит монашек в го-стиницу и — юрк в келью. А по пятам "око" — наблюдающий: "зачем"? — "С родными повидаться". — "С благословения?". И назад оборотит да еще о настоятелю доложит. И возвестит настоятель ослушнику "поклончики" или еще, построже. Тогда, сорок два года тому назад, на старом Валааме крепки были порядки, введенные суровым "хо-зяином" Валаама — о. Дамаскииым, устав старца Нвзария соблюдался строго — неукосни-тельно. Как-то теперь там?

Грех силен. "Мир" со своими "прелестями" старается прорваться или пролезть в тихий, укрытый от греха Валаам, смутить и без того мятущуюся иноческую душу. Грех этот проникает с каждым пароходом в сумках и узелках паломников. И потому Валаам особенно зорко следит за новоприбывшими.

Как только раздастся пароходный гудок в проливе, с горы спускаются "дозорные", на которых лежит послушание очень важное: следить, чтобы пароход не спустил на берег "зачумленного" — пьяного питерца, что бывало, и чтобы раньше прибывшие богомольцы не проскользнули на пароход и не купили бы чего "зловредного". Монахи и послушни-ки, по уставу Валаама, не имеют доступа на пристань, исключая назначенных для до-смотра и певчих. Если кто из иноков свободен от послушания, — что очень редко случается, — тот с высокой скалы, от чугунной решетки, только взирает на оживленную пароходом пристань, на вестника иного мира.

Новоприбывшие поднимаются к гостинице, и здесь премудрый о. Антипа делает строгие опросы. Посылочки, письма, "гостинчики" заносятся в особую книгу, препровождаются к о. игумену, и когда тот возвестит — вывешивается объявление, кому из братии присланы посылочки или письма. При Дамаскине было с этим строго. В наше по-сещение — попроще: только контроль игумена.

— А при батюшке Дамаскине покойном... ох, наплачешься, бывало, с посылочкой... — рассказывали мне на Валааме. — Разморит тебя о. игумен словом своим, что каленым железом сердце твое прожгет, вот как было.

— Да зачем же это?

— Строгость была в нем несокрушимая. Он, может, сам сколько искушений претерпел, вот и ревновал о благочестии.

110

Опытом знал, как грех внедряется. Да вот, расскажу я вам один случай. Поступил к нам послушничком из Питера один человек. Ну, зиму пробыл — ничего. Только, как сейчас помню, пришел к нам мая 12 пер-вый пароход. Раньше нельзя к нам достигнуть, лед по озеру носит. И приехала с этим пароходом сестрица того послушничка, брата Василия, купчиха она была. Приехала сестрица и гостинчиков корзиночку привезла ну, икорки, пастилки, рыбки, вареньица, изюмчику, — все по-постному, чинно. Брат Василий и увидь ее в церкви. Ну, та ему и пошептала мимоходом, что вот, мол, гостинчика тебе привезла. После обедни брат Василий к о. игумену за благословением: "так и так... приехала сестрица, благо-словите, батюшка, гостинчик принять". А батюшка Дамаскин прозорливец был, смаху, быва-ло, ничего не делал. Сейчас — казначея. "О. казначей, поди, говорит, дознай, какая такая к брату Василию сестрица приехала, какой-такой гостинчик ему привезла. По-зови-ка ее сюда к нам с гостинчиком-то ее". Ну, пришла сестрица, благолепная такая, торгового сословия, такую вот корзиночку с собой принесла, еле тащит. Посмотрел о. игумен в корзиночку ту да говорит, грустно-проникновенно так: "и сколько же ты, мать моя, денег-то извела... и на что только! Такую пищию-ту генералам только вкушать-услаждать мамону... а нам где, грешникам... нам бы щец постных похлебать — и то славе Тебе, Господи. Та было оправдываться, то-се, расстроилась с непривычки: "от до-статку нашего, батюшка, братца порадовать... привышный он к такому" — "Брате Василичко! — говорит о. игумен, и таково жалостливо — ну, чем тебе у нас худо? голодно, что ли, тебе у нас? вкушать, что ли, нечего тебе у нас?.." Тот ему в ноги, со всем усерди-ем. "Простите, батюшка... сама привезла, не просил я..." "Брате Василичко! — опять говорит о. игумен, и жалостливо все так, — я-то, грешный, икорку вкушаю, что ли... пастилкой услаждаюсь, а? И не стыдно тебе, брате Василичко... обидел ты обитель нашу..." Ну, а сестрица все просит гостинчик принять, во славу Божию. Ласково так взглянул на нее о. игумен. "Не надо нам твоего гостинчика, матушка... И к чему это нам, такие

111

роскоши... ведь на соблазн! Станет брат Василичко икорку есть, а увидят у не-го братья и отцы и сами возжелают, и коль раньше не просили, так просить зачнут, чтобы и им родные икорку да пастилку привозили..." Так и не благословил принять го-стинчик.

— Ну а теперь осматривают у вас посылки?

— Да как же не досматривать-то? Да мало ли чего в посылку напхают. В миру-то диавол лесть свою как внедряет7 Все норовит, чтобы все шито-крыто было... а ты разверни с благословением-то, обмозгуй, ан пакость его и выплывет наружу Такой у нас, к при-меру, случаи был... Приходит к нам табашная книга. А вот такая, табашная. Прислали одному брату книгу священную, поучения Иоанна Златоуста... Ну, сейчас к о. намест-нику, игумен в отлучке был. Тот, благословясь, и давай ее разворачивать. Развер-нул, — а там... та-бак насыпан! да так хитро, листов через десяток... и незаметно во-все, тонко так, рассеяно, для сокрытия греха. Ну... сжечь велел в пещи огненной. И в скляницах присылают непотребное... Есть тоже разные богомольцы, разве его прознаешь. Иной приедет не для моленья, в чтобы развратить-соблазнить... а потом и смеется, как он монахов обошел... не он, понятно, а через него нечистый прони-кает, с пути свести. Это тоже знать надо, искушения эти. Он-то вот как ополчается на святое дело... иноки только чувствовать это могут. Вас-то, мирских, чего ему собла-знять, вы у него в кармане, а он тут норовит сработать, тут ему крепость поперек дорожки стоит, вот и старается одолеть. Вы опытных старцев поспросите, они вам скажут, как он ожесточается, когда видит, что человек над своими страстями поднялся, ветхую плоть одолевает, чистый дух в нем проявляется. Вот тут-то самая страшная борьба, даже до видимости. Все великие подвижники эти свидетельствуют, самые высокочистые осо-бенно. А вы чего так улыбаться стали, не ве-рите вы..? Ах, эти образованные неве-ры. да ведь это-то века та-ак... читайте отчие книги, отецкие... все святые Отцы.

Тогда я улыбался. Тогда я чувствовал мир реальный, вот этот мир, и только. И многое объяснял — "физиологией".

Ныне... Ныне стала скромней сама наука, осторожней: и ей открываются "миры иные"! знаемый мир ей тесен, ищет она — иных. Не называя — ищет.

VIII

На пароходике по скитам. Отклик из дали лет. В Никоновом заливе

В сенях гостиницы монах продает билеты на пароходик монастырский: собираются ехать к часовне Андрея Первозванного, что на горе у Никонова залива, — служить молебен.

До двадцати часовен на Валааме, по островам, на пустынных дорогах, в дебрях: воистину — глушь святая. Бывало, зайдешь в леса: какая первозданность! Белки тут не боятся человека, и птицы не боятся. Да что белки! Не боится и крупный зверь Слышишь — трещит по чаще. Стоишь и ждешь. И вот выходит на дорогу... олень? Олень. С ветвистыми рогами. И смотрит, вкопанный, влажным, покойным глазом, — без удивления, без страха. "А, это ты, человек... знаю тебя..." — так будто говорит молчанием, взглядом. И — ничего, перейдет дорогу. Пугает как-то нежданная такая встре-ча, будто нездешняя. И смутно припоминается как будто; где-то... такое было. Пройдешь — и новая встреча, тоже совсем нежданная, часовня. Глушь, дебри непроходи-мые, а тут, в полумгле заломчика, в часовне, — Богоматерь, лампада, воск, корочка хлеба, оставленная как дар — какому-нибудь доброму лесному зверю: Божий дар. Изу-мишься: в дебрях лампада теплится! светит не Лику только, а этим дебрям, лесной глуши, чистой природе Божией. "Человек освящает дебри..." — помню, бродили во мне мысли, светлые мысли, рожденные этим светом валаамским. Топили, крыли — "физиоло-гию". Из этих дебрей возвращался я чем-то исполненный, чем-то новым, еще неясным... — благоговением?

Путь к часовне у Никонова залива идет проливами, мимо отвесных скал, покры-тых лишайником и мохом, зарослями брусники и черники, — целые ковры на камнях, алые, бордовые, черные, в глянце-мате. Вьются проливчики между скал, и вдруг — откроет-ся Ладога, вольная гладь озерная, морская. На скалах леса, леса. Вон мшистая ель упала, вырвало ее ветрами, висит высоко-высоко, корнями уцепившись, вот свалится. Или — вдруг вынырнет из-за скалистого мыса весь сказочный какой-то, зачарованный островок. На нем сочная, нежно-зеленая трава, не хоженная никем, дремотная. Золотые на ней стрекозы, уснувшие в полете. Сон-дрема. И тихие, светло-зеленые березки, белые-белые, дремотные. Не простые березки, а святые — так они чисты, дев-ственны, детски-нежны. И видишь — грибы под ними! И грибы сказочные, дремотные. И сколько же раз, бывало, поднималось желанье в сердце: "вот хорошо бы остаться здесь". Такое только во сне бывает: сказочное, дремотное — неземное. Или — заросли камыша, тихая-тихая вода, кувшинки, желтые, белые, — глубина. Вот кончилась всякая вода, нет дороги, впереди высоченная стена гранита. Как же наш пароход пройдет? Под стеной, на солнце, красный ковер брусники: сочная, крупная, нездешняя. Протяги-ваешь руку — до того близко это, сейчас за бортом, царапает пароходик берег... — и вдруг отошла стена, и снова залив широкий, и в глубине его, между скал, голу-беет приволье Ладоги.

Пароходик "Св. Николай" — не больше хорошей лодки: как мы усядемся? Столько народу едет. Из окна нашей кельи вижу, как направляется к пристани о. Николай, присланный на исправление старик-священник. Его послушание — ездить с богомольцами по скитам и служить молебны. Монашонки-певчие чинно идут за ним. Пора и нам. Теперь я понимаю — пароходик потащит лодки. Нас приглашают "в почетные", поедем на самом пароходике, в каютке: на случай непогоды. Лучше бы в лодке, чудесная погода, какое солнце!

114

— А вы на нашу погодку не полагайтесь, у нас сразу надвигает, озерная по-годка, — говорит послушник с шестом, для продиранья в проливчиках.

И правда: ясный и теплый день напрасно поманил нас августовской прощальной прелестью. Надвинулись низкие дождевые облака, леса на скалах померкли, заво-локлись. Ехать ли? На Валааме с погодой не считаются: и непогода от Господа, прини-май. Озеро разбушуется — пусть бушует. Маленький пароходик кутается в дыму, шипит. Машинист-послушник, коренастый малый, сидит на дровах, поджидает, когда усядутся богомольцы в лодки.

— А чего это машина твоя так шипит? — спрашивают его. — Уж и старинный ваш па-роходик, котла-то не разорвет?

— Что?! — с изумлением отвечает машинист, словно и не слыхал никогда, что котлы разрывает.

— Да котла, спрашиваю, тово не разорвет?

— Да разве можно? да что ты, брат..?

— Да почему же нельзя? — спрашивает, видно, знающий, может быть, тоже "механик", питерец.

— Да нельзя... да как же это... разорвет! да тогда скольким людям погибель!..

— Про то-то и говорю...

— Не-эт, у нас это не бывает, чтобы котлы рвало да разве это можно? У нас так, что и не умемши машиной заправляют, а ничего... сипит только, боле ничего.

Говорят бывалые, что с этим машинистом можно хоть в океаны ехать, дело знает. Вон пароходик стоит, чуть побольше-то, "Валаам", так он с ним "Петра" в Питер водил по всей Ладоге, и то ничего, довел. Сломал "Петр" винт, на камень напоролся. Ну, "Валаамушка" его и повел по озеру, глядеть забавно: сам махонькой, а энтот громадина какая! Да тут никогда плохого не случается. Угодники наблюдают.

Богомольцы набиваются в две большие лодки. Пароходик свистит по-детски, отчаливаем с молитвой: "Волною морско-о-о-ю-у... скры-ы-и-вшего..." На кормах лодок стали крепыши-послушники с шестами — править. В каютке сел о. Николаи, печальный. Тут же с нами устроились три питерские девицы в платочках. Рыжий послушник-певчий, видимо, старался показывать свое искусство перед девицами: пел с выражением и вздохами. Девицы поглядывали на него и чего-то шушукались. Стали капризно возмущаться: и что-то все из духовного поют... романсик бы какой спели!

— Есть у нас для вас и романсики, духовные только! — слышу я не без удивле-ния галантный разговор послушника, нарушившего тем самым — разговором с девицами — все правила валаамского устава.

— На свободе здесь, — вздыхает о. Николай, — меня-то они не стесняются. —Приро-да.. годы молодые, дух-то и не удержишь.

Мальчики певчие убегают на палубу, и оттуда слышится их возня.

— Трубу!.. трубу сымай!.. — кричит рулевой.

Подъезжаем к каменной арке Владимирского моста. Этим мостом проходит дорога в скит Всех Святых. Труба снята, и пароходик проползает под мостом, кутая нас в дыму. Поем "Достойно". Прибегают в каюту два монашенка. Один надевает шляпу о. Николая, другой подходит к нему смиренно и говорит: "благословите, батюшка". Монашенок в шляпе истово благословляет. О. Николай кротко улыбается на них, треплет по ра-скрасневшимся личикам. Вспоминает, должно быть, своих ребят.

— А не пропоете ли, мадамы, стишок наш валаамский с нами? — галантно, как питерский приказчик, восклицает рыжий певчий и сует девицам книжечки со "стишком".

Девицы весело соглашаются. Рыжий принимает позу, как тенор на театре, и, заложив живописную руку за кожаный пояс своего полинявшего подрясника, баском зачинает "стишок". "Дозорное око" далеко, а о. Николай... кто же его боится!

"Стишок" трогательный и длинный. Его сочинил молодой инок, рясофорный монах о. Петр, спасающийся в скиту Александра Свирского, "на горе". Скит этот дальний, глухой, подвижнический. О. Петр готовится там принять полный чин

116

ангельский. Может быть и схимонахом станет. Стих выражает восторги инока перед неземной кра-сотой обители. В памяти моей сохранились еще иные строфы. Вот, помнится:

О, дивный остров Валаам!
Руна божественной судьбы
Воздвигла здесь обитель рая,
Обитель вышней чистоты.
Богоизбранная обитель,
Пречудный остров Валаам!
Тебя дерзнул воспеть твой житель:
Прими его ничтожный дар!
Не знаю, как воспеть сумею
Твои долины и поля,
Твои леса, твои заливы,
Твои священные места
Мне перечесть не хватит силы
Твоих подвижников святых,
Но их поросшие могилы
Легко пополнить могут стих.

Девицы легко осваиваются с простым мотивом и поют с увлечением. Рыжий послушник, видимо, забывает, где он. Он лихо поправляет свою скуфью, ерошит пышные во-лосы, чтобы падали на спину волнисто, очень приметно охорашивается. Девицы кри-чат ему "нежней, нежней пойте!" "С нашим удовольствием-с!" — восклицает рыжий.

Я о тебе сказать не смею
Ты так прекрасна, хороша!
Сложить я песни не умею.
Перед тобой она бледна.

Конечно, инок-стихотворец разумеет под ней обитель, но рыжий, кажется мне, ра-зумеет совсем другое. Он смотрит на девиц, и его руки прижата к сердцу. Понимают это и девицы:

прыскают вдруг в ладошки. О. Николай вздыхает — "ах, молодость, мо-лодость..."

Думал ли я тогда, слушая стишок этот и подпевая вместе с юной женой моей, что к концу моей жизни, нашей жизни, отзовется в душе моей этот ненастный день, — какой же чудесный день! — и вспомнится живо все — глубокая тишина лесная, сеющий дождик, кулички на отмели, о. Николай, которого уже нет на свете, и — этот рыжий игривый послушник? Всю жизнь хранилось это во мне, крепко забытое, и вот срок пришел, и все восстало нетронутым, ярким, до ослепительности. И связан-ное с ним, другое, важнейшее.

— Вы откуда изволите..? — спрашивает меня худощекий инок, приятный такой лицом, смиренный.

Я его давно приметил. Он сидел на палубе под дождем и смотрел на леса и воды грустно-внимательно.

Я сказал, откуда. Он продолжал смиренно:

— И мне скоро придется Москву увидеть. Послезавтра уезжаю туда, а оттуда в Восточную Сибирь.

— Почему же так далеко... в другой монастырь переходите?

— Такое послушание дано нам. Мы с братом — назвал он другого послушника, сидевшего тут же, молча, — назначены, и принимаем душевно послушание сие... во Владивосток. Монастырь там открывается.

— А давно вы на Валааме?

— Годов пятнадцать. Трудно расставаться, все тут родное. Вот и езжу теперь по скитам, прощаемся. Ах, хорошо у нас, век бы не ушел...

Он грустно глядел на стены серых скал, на редкие елочки в щелях утесов.

— И не поверите, как грустно. Сибирь... там чужое все. А здесь у нас братство, Я из крестьян, трудно крестьянам, а здесь — братство у нас...

Встреча, каких много в пути бывает. Думал ли я, что эта встреча отзовется во мне, почти через полвека, в конце жизни, чтобы я что-то уразумел, важнейшее..? Думал ли и он, отъезжавший в неведомую даль, что назначено ему, как и молчали-вому его спутнику, великое исполнить, светом всю свою жизнь наполнить и, может быть, — да так оно и случилось, —много жизней наполнить и освятить! что наши пути некогда опять скрестятся, духовно встретятся? А вот случилось...

Осень, 1935 год. Прошло как раз сорок лет с той прогулки на пароходике. Я получил письмо. Письмо было не ко мне, а к моему собрату, с просьбой передать мне некоторые, может быть, небезынтересные для меня сведения. И правда: сведе-ния оказались не только интересными но —- для меня — значительности великой и бодря-щей.

После поездки на Валаам я написал первую свою книжку, юную, наивную, немножко, пожалуй, и задорную, — студент ведь был! — задержанную цензурой, — пришлось из отпе-чатанной уже книжки изъять более 30 страниц и заменить их, с поправками — написал книжку — "На скалах Валаама". Давным-давно разлетелась она по всей России. Еще перед войной не мог я найти ни одного экземпляра даже у букинистов. Од-ну книжку послал я на Валаам игумену Гавриилу, принимавшему нас когда-то в своих покоях. В книжке была описана и поездке к часовне Андрея Первозванного, бойкость рыжего певчего и встреча с иноками, принявшими послушание в далекую Сибирь. Некто из хорошо знавших Валаам, читавший мою книжку, и прислал письмо, полагая, что для меня небезынтересно будет узнать судьбу описанных мною лиц. Я глубоко признателен ав-тору письма, напомнившему мне забытое. И что же! Давно забытые — сорок ведь лет прошло с той поры! — оказались и по сей день живыми. Жизнь их поистине удивительная. Вот что пишет мои доброхот.

"Как мною уже сообщалось Вам ранее о рыжем послушнике Георгие, которого И. С. Шмелев так неподражаемо представил в своем сочинении и который впослед-ствии настолько остепенился, что принял монашество, священство и даже великую схиму и теперь в великом смирении совершает свой великосхимнический подвиг, так мне хотелось бы сообщить о двух иноках, упоминаемых И. С., которые одновремен-но с рыжим послушником совершали свою последнюю поездку по скитам родной оби-тели, так как на другой день этим двум инокам предстояло навсегда расстаться с родным для них Валаамом. В эту памятную поездку И. С. с ними беседовал и до-брым словом помянул их в своей книге. Эти два инока — Сергий и Герман — на другой же день после встречи их с И. С. отправились на Дальний Восток на святое послушание. Там они основали Новый Валаам, святую обитель, под наименованием "Уссурийский Свято-Троицкий Николаевский монастырь". Эти два валаамских инока, Сергий и Герман, настолько идеально поставили дело устройства новой обители, что, по созида-нии ее, обитель эта славилась не только в Сибири, но даже и в России своей при-мерной монашеской дисциплиной, строгостью своего устава и своим благотворным влия-нием на все окружающее. В некоторых отношениях обитель эта даже превзошла свою духовную матерь — Старый Валаам. Именно, оборудованием собственной типогра-фии, которая печатными произведениями снабжала не только весь Уссурийский край и Сибирь, но даже делилась со Старым Валаамом.

Упомянутые иноки Сергий и Герман доселе живы, пребывают они в России, в Ростовском крае.

Старейший из них, о. игумен Сергий, святостью своего подвижнического жития снискал к себе такое уважение, что ему митр. Сергий предлагал сан епископа, но о. Сергий умолил владыку, по своему глубочайшему смирению, оставить его в сущем сане.

Уссурийская обитель не избежала общей страдальческой участи: все ее братство боль-шевики разогнали, большой книжный и иконный склад монастыря сожгли, деревянные храмы тоже сожгли, а в братских корпусах устроили свой пресловутый "совхоз".

Так на бывшем месте святе — ста ныне мерзость запустения!

Преподобнейший о. игумен Сергий, в течение четверти

века неусыпными, сверх-человеческими трудами создавший идеальную иноческую обитель, сам видел все ее разру-шение и все сатанинское издевательство над ее святынями... Теперь, горькими слезами оплакивая общее крушение и разорение своего детища, он ждет смерти от Господа, как желанного успокоения от всего жизненного подвига его. В монастырской библиотеке есть портрет сих двух иноков — Сергия и Германа".

Эти строки многое мне открыли. Что говорю я, — многое! Огромное мне открыли, чего и предполагать не мог автор письма того. Открыли таинство человеческой судьбы, неисследимую духовную глубину и силу человеческой личности. Раскрылась завеса прошлого, почти полувекового, и что же я увидел! Жизнь творящуюся увидел и жизнь — творящую. За эти сорок лет, неведомыми чудесными путями, создавался "духовный человек", возрастал из заурядного парня-молодчика в послушнической ряске — в великосхимника-подвижника и смиренного служителя Господня.

Взрастил его Старый Валаам — русского молитвенника-старца. Подвиги его неведомы, и если нельзя нам пока учесть, что он дал малым сим, приходившим на Валаам за духовным хлебом, ясен для нас его личный подвиг: совершенствованья духовного — во имя Господа.

А те два инока... За эти десятилетия, изо дня в день, несли они великое послушание, творили высокий подвиг духовного просветительства, выполняли завет Христов: "шедше убо научите вся языки..." — "возьмите иго Мое на себе"... Крестьянские парни русские, по-шли они с Валаама в далекий и дикий край и понесли туда Свет Христов. Сколько тягот и ли-шении приняли, жизни свои отдали Свету, стали историческими русскими подвижниками, продолжателями дела Святителей российских. И в этих подвигах и страданиях сохранили святое, и это святое в них, видимое народу, среди мерзости духовного опустошения, ка-кой же пример и сдержка для окружающих, ободрение и упование для алчущих и жажду-щих Правды. Такими жива и будет жива Россия. Таких взрастил и посылал в мир Старый Валаам.

Многое мне открылось, великое. И еще, важное. Закрыты человеческие судьбы; в явлениях жизни, случайных и незначительных, таятся, порой, великие содержания: будь осторожен в оценках, в трудную пору испытаний не падай духом, верь в душу человека: Господний она сосуд.

Подумать только... четыре десятилетия! Сколько всего ты видел, получил радости — и страданий тоже, — и жил большею частью, для себя. А эти, трое "случайных встречных"... Их жизнь — вся в подвигах: в подвигах возрастания духовного, служения "малым сим"... до полного отвержения себя. И еще, радостное, бодрящее: это — родное, от твоего народа.

Мы — в глубоком Никоновом заливе; глубина его, говорят, до сорок саженей. На угло-вом утесе белый фонарь-маяк. Когда на озере буря, фонарь призывает плавающих в спокой-ный залив. Деревянная пристанька, домик для рыбаков. Тишь и глушь. Говорят: а "куда укрылся, поглядели бы скит Александра Свирского, вот где глушь-то! а высота... воистину с Господом беседа". Глухая тишина залива, лесов и камня действует на душу. Певчие умол-кают. Держатся еще в памяти строки "валаамской песни":

Андрей Апостоп — есть преданье —
Крестом рассеял мрак греха,
Предрекши веры процветвнье,
Поста, молитвы и труда.

Начинается настоящий дождь. Бежим в гору, к часовне. О. Николай поет молебен. Богомольцы прячутся от дождя под лапами старых елей. С высоты видно озеро, мутное за дождем, сумрачные леса, утесы, крестик заброшенного в леса скита. Возле часовни стоит деревянный крест, знаменуя тот, древний Крест, поставленный, по преданию, Апостолом Андреем. Дождь переходит в ливень. Бежим с горы по тропинке, раскатываясь на скользких иглах. Народ набивается в каюту, давка. О. Николая притиснули, но он кроткий, не скажет слова. Говорят опасливые; "сколько набилось-то... ну, пароходишка затонет!" Этого быть не может: нельзя потонуть на Валааме, Угодники не допустят, никогда такого не случалось.

Певчие в ободрение поют: "Волною морско-о-о-ю-у..." Подхватывают все радостно, уповая: "То-о-нителя, му-у-чи-теля... под землею скры-ы-и-и-ша-а"...

Вступаем в узкую канаву. На камне врезано: "сооружена сия канава 1865 года".

— Стоп, машина-а!.. Го-тово дело!.. — весело кричат с лодок. Дно пароходика скребет, пароходик дрожит и хряпает. Мапьчик-монашонок свешивает за борт голову.

— Что, брат ты мой... сели на мель! — весело говорит он мне и хлопает по плечу: доволен.

И все богомольцы рады. Кричат: "поддай пару, машинист!" — "чего там пару, будем зимовать!.. Эх, хорошо, братцы... пропадай, Питер"!

— Братия, слезай на луду, пароходик облегчить! — кричит машинист, — корма села!

Богомольцы прыгают на островки, принимаются собирать бруснику. Монахи-кормщики недвижно стоят на лодках. Машинист с кочегаром отпихиваются шестами, повисли, в воздухе над водой. Монашенки шмыгают с кормы на нос.

— Брат Петра, налега-ай! — кричат с лодок. — Угоднички, выручайте!.. Советуют спеть "Дубинушку", но постарше — остерегают: она к святым местам не под-ходит, тут молитва верх берет. Наконец, после общих усилий богомольцев, монахов и маши-ны, после тропаря и "Дубинушки", которую все-таки затянули на лодках не очень громко, пароходик высвободился, — и опять вереница заливов тихих, громад гранитных, проливчиков, островков, старый сосновый бор, таинственный, безмолвный. Вон уж и монастырь. Воцаряется благочиние. Монашенки опять смиренны. Певчие зачинают тропарь Преображе-нию. На лодках крестятся — кресты золотые видно! — и подхватывают раздольно-весело:

"Преобразился еси на горе-э"...

IX

Святости. В большом скиту. Вразумление

Под сводами ворот, в заломе, — монастырская лавка "святостей". Строгий монах-хозя-ин не предлагает богомольцам свои товары: не умеет, что ли, — или грехом считает. Отве-тит только, сколько стоит. Скажет — и стоит в раздумье. Все — только *для богомольца из народа*. Валаам не угождает случайному туристу, нет ему дела до туристов: *лучше бы их и не было, соблазна меньше*. Старый Валаам — суров. Богомолец его — по нем, простец-кий, трудовый, духовно-постный: требует крестики и образочки, "из житий", картинки-притчи. Слышишь только:

— Для святого угла бы... за полтинник.

— Из божественного... наставительного чего бы. Или, редко: "Библию бы, настоящую большую, самую... чтобы уж и внукам проника-лось, сколько годов все собирался, со святого места..." Нам хочется чего-нибудь из местного.

— Нет ли у вас валаамского чего-нибудь, художественного? Монах не понимает. Смотрит недоверчиво, как будто: "эти питерские, из чистых... развлекатели, все бы им для забавки..." — думает так, пожалуй:

— Это чего, худо-ственного... как разуметь?

Стараюсь объяснить, попроще; ну, поделок из валаамского гранита... ну, пресс-папье, каких-нибудь фигурок... на письменный бы стол... Он не понимает, что за пресс-папье! Стоит — молчит.

— Может быть, ларчик для колец... такой, изящный? на Урале делают, такие... Нет, молчит.

— Тут для богомольцеа, "святости"... поделок нету. Фигурки..? из валаамского гранита? игру-шки..?!

— В Питере... там всякие безделки. Тут — "святости".

На Валааме не тратят время на безделки. Рыбу на удочку не ловят: баловство. В проливе не купаются: грех, воде святая. По

124

грибы, по ягоды ходить для развлеченья —прихоть: ходят в послушание, во благовремении, для обихода.

Есть только деревянные изделия — святыньки: крестики из можжевелки, из кипариса-дерева, свято-афонского, да ложки с видом Валаама и "благословеньем" на черенке: станешь вкушать — Валаама вспомнишь.

Мы выбираем ложки.

Древний старичок, совсем слепой, что-то ковыряет за прилавком — нанизывает боль-шой иглой оливковые косточки, свято-афонские, для четок. При каждом новом покупателе он еле подымается с отлакированной годами табуретки и не голосом, а выдыханьем — до того он слаб, — смиренно предлагает свое изделие: "на святую обитель, пожертвуйте... тридцать хоть копеечек, щедрость ваша..." Мы покупаем четки. Старичок светится улыбкой, поверяет угрюмому монаху, как ребенок: "дал Господь-то... вот и еще четочки приняли... сла-ва Тебе, Создателю..." Он детски счастлив, что еще может послужить обители во славу Господа. Вспоминаю и корю себя: зачем не взял у него еще, еще, все четки, какие только были. Вот бы доставил радость! Ведь труд для него — святое, подвиг, как молитва. На Валааме все — в трудах: от самого игумена, от столетнего схимонаха — до мальчугана-монашонка, привезенного отцом "на выправку", — по обещанию, "для Бога". Здесь все в работе — и душа и тело. И все — во имя. С зари до зари. А ночь? Да есть ли ночь на Ва-лааме! Чуть забылись, а в половине 2-го ночи очередной "будильщик" призывает:

"вре-мя пе-нию... мо-ли-тве ча-а-а-ас..!" И все звонит, звонит.

А вот и схимонахи, на фотографии. Это купить необходимо: это уж — "валаамское", туземное. Десять их, в схимах-колпаках, с крестами, костями, черепами. Стоят рядком, потупясь, смиренные. Должно быть — непривычно было. Но — надо было. Во главе — игумен. Надо было: требовал народ, "из святостей", под образа, украсить "святой угол". Это — свет Валаама, его слава. Какие лики! Святые

125

старцы, из древности, — отцы. Самый высокий — схимонах Иоанн, молчальник, четырнадцать лет молчал. А вот, с краю, схимонах Сергий, смиреннейший. Долгие годы мучительно страдал в болезнях и, несмотря на боли, ни единой службы не опустил. Мне про него рассказывали на Валааме.

Сильный духом был смиренный Сергий. Болезнь "заживо его съедала". Какая — неизвестно. Болел он долго, таял. Может быть, и рак. Однажды, за долгой службой, не смог и он преодолеть ужасной боли. Подошел — подполз к своему старцу-духовнику, в сле-зах, — может быть, в слезах стыда за немощность, — и стал просить: "отпусти, отче, в келью... помираю... благослови отойти..." Но строг был старец. Мотнул головой, сказал:

"а кто канон будет стоять за тебя! правило кто слушать будет?" — "Невмоготу, отче, силы нет стоять..." — "Не можешь стоять — сиди". — "Ох, не могу уж и сидеть, отче.. " — "Не можешь сидеть — лежи. Лучше во храме Божием отойти, на молитве стоя". И не отпустил. И выстоял смиренный Сергий.

Рассказывал мне о его кончине инок Серафим:

— При храме нес я послушание. Помню, кончилась обедня. Подходит ко мне схимонах Сергий — чуть шепчет, как дуновение от ветерка, "прощай, отец Серафим... прощай..." А сам так-то светло плачет, обильными слезами. А я раньше еще приметил, как он во всю святую литургию плакал... так-то плакал! И вопрошаю его: "чего ты, отче Сергие, так плачешь?" А он мне, как бы дуновением, чу-уть слыхать, во сне уж будто: "ах, отче Се-рафиме... кабы всегда так пели, как нонче... век бы не ушел... как ангельские гласы... и уж так мне хорошо-сладостно, оттого и плачу... будто я был на небесах..." И вся мантия у него заплакана... вся мокрая-мокрая, от слез. — "И причастился я Св. Христовых Тайн, и так-то теперь легко мне... и боли мои не мучают, уснули..." Полобызались мы в плечико. А как стали звонить к вечерне, он и преставился. А это уж дух его тленное попрал, боль и уснула... заранее одухотворился. Вот был смиренный..!

Нам понравился образ угодника: светлый проникновенный лик. Спрашиваю угрюмого монаха: чья работа.

— Отца Алипия. Иконописной ведает.

Алипия... Я вспомнил. Говорили мне про него.

— Когда-то в высокой академии учился, медали золотые получал за свои картинки... "мир" писал.

Теперь не пишет "мира": иконы только. Когда-то не совладал с бореньем, оставил Валаам.

— Духа не смог смирить... Перестал спать, мутился.

И вернулся — покорился Валааму. Не стал уходить в леса, на острова, писать в безмол-вии природу Божью. Принял постриг. Пишет святые лики, только. Я возмущался таким порабощением: вытравил из него Валаам живую душу! Мне говорили:

— Нет, не так все это. Наш Валаам освободил ему живую душу, а не поработил. Святые лики ниже, что ли, по-вашему, земной красы, которая прахом распадается? Святой лик есть отображение Господня Света. Ну-ка, напишите кистью Господень Свет..? Тут уж не живопис-ное искусство, в благодать Господня. Вот наш о. Алипий теперь и презирает духом, ищет в ликах Господень Свет... подвиг высокий принял. Никакое не порабощение, а воодушев-ление. Нетленное пишет, небесно-вечную красоту.

Теперь я знаю — высокое искусство в вечном.

Шестой час вечера. Солнце совсем над лесом, скоро за Валаам укроется. Надо бы в Большой Скит, неподалеку; завтра в Коневский едем, а там — отъезд. Не поздно ли? О. Антипа советует, даже понуждает мягко:

— Ножки у вас молоденькие, чего вам — поздно! поглядите наш Большой Скит, строгие там подвижники, и строение богатое, храм какой. Только супругу-то не впустят, женский пол только не Престол пускают, в день Всех Святых. Ну что же, проводите супруга, за воротами обождете. Ишь, дружные вы какие, все-то вместе. А то и на лошадке вас свезут...

Не надо нам лошадки, пробежим, — в лесу чудесно.

Быстро идем, бежим: надо вернуться к трапезе, не огорчить о. Антипу; строгий он, порядок любит.

Мимо пустынной пристани, проливом. Солнце зашло за

127

Валаам. Померкло, засвежело. На берегу монашек-старичок складывает щепу — для пароходика. Рыбаки-монахи растягивают на держалках сети; только что осмолили: крепкий запах, до сердца проникает. Пахнет щепой еловой, смолой, водой и... ладаном? Валаамом пахнет. Это запах вечерней свежести, сетей смоленых и — святости? — запах Валаама, обители "за гранью мира", — называл я так, — впитался в память, и доселе слышу. Трудники все еще копошатся, рубят гра-нит, чеканят, пилят... проволочной пилой! — как странно. Хочется смотреть, а надо к тра-пезе вернуться. Бежим. Молотки гранильщиков постукивают реже, трудники устали, по-сиживают на гранитных глыбах.

Вот и лес. Дрема и тишина ползут из чащи. Скоро доползут и до собора, служка ударит в колокол, и день закончится. Кончится день на Валааме, а там, на Ладоге, еще заря: там еще огненное солнце.

Рука с рукой, бежим мы глушью. На дороге еще светло. Видно, как прорыжело что-то... белка! Смотрим, как вьется в елях. Под ними уже сумрак, гуще. Пахнет теплом еловым, пряным. Дорога в гору. Видно с холма, как извивается дорога, на поворотах дремлют сосны. Вот где глушь-то! Что-то шуршит над ними, мягко, рыхло... — большая птица, по-тонула в чаще. В зеленоватом небе уже белеют звезды-точки. Смотрим в небо. Белые ки-сейки-облачка, недвижны. Слушаем... — ни звука. Вот она, тишина глухая. И почему-то груст-но. Бежим.

По каменному мосту, над водой. Черная вода, глухая. Заглядываем, в жути: верхушки елей, небо — тьма и свет. Как жутко опрокинуто в бездонность! Бежим... Часовня! Нет, не одни мы здесь. Лик Богоматери, взирает. Лента, венчик, светится подсвечник. Смот-рим... Ладаном как будто пахнет. Войти? Не входим, поздно. А хорошо молиться в дебрях. Ну, успеем...

Лужайка, звон колокольца, треск сушняка... Что это... лошадь! Выходит на дорогу, протягивает губы, просит хлеба. Жаль, нет с нами хлеба. Монахи приучили, носят хлеб. Ласкаем, треплем по губам. Кроткая какая, нежные какие губы... бархат. Бежим, оглядываемся: все стоит, ждет хлебца, смотрит.

Высокий крест, гранитный, черный. Странно — крест в лесу! Стоит — и смотрит. Огля-дываемся — он смотрит. Нет, не жутко, а легко теперь: стоит, благословляет.

Вон что-то забелелось, — стены башни, — скит Всех Святых. Где-то вода блестит в деревьях. Пруд? Рощица, там... холмик? Могила чья-то, крест. Нам грустно. Проходим мимо огорода. Ворота на запоре. А вот калитка. Тут предел: женщинам нельзя. В калитку видно: двор, трава, густая, темная. Башня на углу — как крепость. Надо расставаться. Жена робеет, просит — поскорей, недолго... Садится у ворот на травку. Вот странно — женщинам нельзя! Только почему-то — в праздник. Жалею, зачем пошли сюда. Глухое царство, мрак.

Иду по травке — и шагов не слышно. Тишина, глухая, как... в могиле. Храм, тихий, в пустоте. Вон казармы словно... низенькие — кельи? Холодный отблеск в окнах, неуют.

Досадую, зачем зашли сюда, "в могилу". Думаю — вернуться, и слышу кашель, глухой, тягучий. Оглядываюсь. Темный кто-то, чуть надвигается, от храма. Схимонах? Прямо ко мне, ползет. Мне жутко.

— Кто там..? не вижу... кха-а-а...

Ползет. Вспоминаю "Вия", — "подымите мне ве-ки". Жуть берет. Говорю, робея, и слы-шу, как четко отзывается от келий:

— Я, богомолец... скит посмотреть...

И чувствую, что говорю неправду: теперь мне нечего смотреть здесь, скорей бы выйти на свободу. Но поздно: он надвигается.

— Кха-а... поздненько, уже трапезуем, ночь. Ну, кто такой?.. — смотрит на меня из-под куколя, с крестами, — из ученых, что ли? А, студент... вот кто... это какие всех умней... слыхал. Сдалече?

Голос у схимника глухой, "могильный".

— Из Москвы.

— Из Москвы... далече. От нас все далеко. От земли дальше — к небу ближе... — показывает в небо пальцем. — Ну, пойдем... покажу наш храм. Вот, только псалтырь читал. Псалтырь-то разумеешь? Хорошо. День и ночь читаем по отшедшим отцам и братиям. Все отойдем в свой срок... нас будут поминать. Человек, яко трава дние его... разумеешь? Ну, пойдем.

Иду безвольно в сумрак храма. Мерцает одинокая лампада. Ладанный, душный воздух. На сводах — иноки, тенями. Темный иконостас чуть золотится, смутно. Старый псалтырь на аналое. Схимонах затепливает свечку. Я различаю под куколем с крестами мертвый нос, мохнатые седые брови, — строгий лик, бородка клинушком, как пакля. Вспоминаю такие же бородки у наших плотников и штукатуров, в детстве видел. Думаю: все тут, на Валааме, из народа. Черный покров на аналое, в серебряном глазете, — поминальный. Подвижник тычет по аналою свечкой, нащупывает вставочку. Говорит "загробно":

— День и ночь читаем по два часа, очередное. По-церковному-то разумеешь? Ну, чти... послушаю, как ты разумеешь... мы-то мало учены... послушаю.

Я в смущенье: экзаменует, этого недоставало. Знает, что слаб я по-церковному? И почему я должен ему читать? что я ему, мальчишка? вот попал-то. И ничего не видно: желтый лист, весь в воске, в пятнах, титла эти... кто тут разберет!

— Ну, чти... вот, кончил я... чти... — в лист, тощим пальцем.

Мне тесно. И не могу ослушаться, неловко как-то. И стыдно, что осрамлюсь. Мелькает в мыслях: "может быть, он провидец знает, что пришли "из любопытства".. и нарочно, чтобы пристыдить, экзаменует?.. святому это не подходит, это уже издевательство..." И не могу ослушаться; попался. А он все тянет.

— Ну, чти... ка-к ты разумеешь..?

Захлопнуть книгу, повернуться, и..? Нет, непристойно. В волненье вглядываюсь в стро-ки — поразобраться в титлах... и — радость! Знакомое... с детства помню, из "Шестопсалмия"! С Горкиным читали, от всенощных осталось крепко. Читаю твердо, не глядя на титла, —

..."скажи мне, Господи, путь, в оньже пойду, яко к Тебе взях душу мою..."

"Что, слышишь? — думаю, — что, лихо? вот тебе и "из ученых"!"

...."Научи мя творити волю Твою, яко Ты еси Бог мой; Дух Твой благий наставит мя на землю праву".

— Ишь, хорошо разумеешь... во-ка-ак... — хвалит схимонах, а я-то думаю: "нет, не поймаешь, не провидец..." — А разумеешь ли, что сказан о... тебе? Враз ведь ты по-пал... какое слово-то! а, разуме-ешь?..

— Разумею... — отвечаю я, не разумея.

Выдержал экзамен. Выходим. Мне легко. И схимонах приятный. Пахнет лесом, волей. Гляжу на башни.

— В крепости живете? — говорю-шучу, легко мне.

— С кем нам воевать, от греха оплот. В лесу живем, по чапыге ползем, неприметно, тихо... ан к могиле-то и подполз, и зары-ли... вся и жизнь тленная, земная.

Вся жизнь ползти к могиле! Не понимаю. Кто-то у Шекспира... про бренность жизни, да, в "Гамлете", "бедный Йорик", над черепом смеялись, а этот так спокойно, страшно... Валаам вдруг представляется могилой... все ползут, накрывшись мантиями, с крестами, черепами... "непристойно, тихо" подползают и...

— День отжил — к могиле пододвинулся... —вздыхает схимонах, спокойно.

— Чем вы питаетесь? — спрашиваю я зачем-то.

— А капусткой, водицей, хлебцем... Все едино червю могильному на пожрание приуготовляемся тленною плотию. А душа-то... туда! — показывает он в небо.

В зеленоватом небе — звезды. Ночь. Прощаемся. Старец плетется к кельям — "приуготовляться". Бегу к воротам.

— Как ты до-лго... — слышу я милый голос — облегченный вздох. Беремся за руки, бежим во мраке. Из чащи веется жутью. Глушь, мрак. И вот, ра-дость, — колокол, вдали. Это в монастыре, "повестка" к трапезе. Теплом пахнуло. Берег, сети. Старичок плетется в гору, к монастырю.

— Трапезовать, батюшка, пора... кончился денек, слава Всевышнему... помилуй нас, Исусе-Спасе... — ласково говорит он нам.

131

Мы рады, идем с ним, говорим. Так славно — "Исусе-Спасе", — с лаской.

С горы все царство Валаама видно. Свет за нами на озаренном небе — четкие верхушки елей. Восходит месяц, золотится в елях. Свет и впереди: белый собор, кресты сияют, видят месяц.

О. Антипа спрашивает, понравился ли скит. Говорю — да только грустно там... и страшно. Он не понимает:

— Ка-ак страшно? Да что ж там страшного... святое место, самый главный скит наш, подвижники приуготовляются... чего же вам страшного там показалось?

Говорит с укором. Мне досадно, что я смутил его. Стараюсь объяснить, чтобы он понял наше настроение.

— Не знаю, батюшка... настроение...

— Че-го... не-строение? Нет, не понимает.

— Да как вам объяснить, не знаю... такое наше настроение... все только о смерти да о смерти, все приуготовляются, всю жизнь! И все кресты тем, и могилы... и ночь еще... вот и показалось страшно.

Он смотрит с сокрушением.

— А, ка-кие вы... пу-ганые! Чего же это вы кре-стиков страшитесь? Это бесы только креста страшатся. А мы, православные христиане, крестом живы. А могилок чего пугаться! За могилкой-то и отворится... жизнь вечная, во Христе... духовному-то человеку. А бесчувственнику, не-строение у кого, — чего же может отвориться..! А, какие несмыслеиные, а-а-а... Ну, Господь направит. Небось устали? Ну, скажу уж, принесут вам в келью, Господь с вами. Не-строение..!

Легко от вразумления о. Антипы, от кроткого его журенья. Есть хочется. Хватаем свежий просфорный хлеб, крутой, душистый, валаамский. Окно открыто. Веет прохладой. Ладогой. Жуем и смотрим. Месяц уж над лесами. Жизнь чудесна! И все чудесно. Так и будет — все дни и дни, все завтра, завтра... бесконечно. Не считаем дней, не думаем. Жуем и смотрим.

132

X

Строитель Валаама. Николай Смиренный. Странник

Все величавое, крепкое, что видите на Валааме, связано с именем Дамаскина. Это был замечательный хозяин, строитель, строгий подвижник, железный характер. Часовни, кресты, дороги, каналы, скиты, гранитные лестницы, водопровод, корпуса, колодцы, сады, храм великолепный, мастерские, фермы... — все это создано его волей, его умом. Он собрал живших по лесам и дебрям отшельников-одиночек и водворил по скитам. Он пополнил устав мудрого старца Назария Саровского, ввел суровую дисциплину. Это был игумен с железным посохом. И этот железный человек пишет в своем завещании такое:

"Я всю жизнь любил Валаам, любил каждого из вас. Мое сердце было всегда отверзто для нужд ваших... Но я был человек грубый, простой, необразованный, — естественно, что искренняя, глубокая моя любовь к вам иногда не находила себе приличных внешних выражений".

Это писал крестьянин, не получивший в миру никакого образования. Судьба его примечательна.

С юношеских лет Дамиан — мирское его имя — восчувствовал тяготение "к мирам иным": пошел странствовать по монастырям, отыскивая себе место "душевного усовершенствования", пока не водворился на Валааме. Замечательно, что несколько странных яв лений — "знамений"? — как бы указывает ему пути.

Когда он шел впервые на Валаам, встретились ему старцы с Белого моря, шедшие с Ва-лаама в монастырь Александра Свирского. Старцы эти низко поклонились ему, юноше, одетому по-крестьянски.

Когда он пришел на Валаам и шел лесной дорогой в скит Всех Святых, встретился ему монах Феодорит и сказал:

"Оставайся-ка у нас. Трудись на послушаниях, в скиту и в пустыне. На, возьми мои четки".

Когда он пришел в скит Всех Святых, старец Евфимий, прозванный монахами "духовной улицей" за умение уловлять души, земно поклонился новоприбывшему.

И юноша остался в лесах и пустынях Валаама.

Старец Евфимий видел в юноше Дамиане готовность идти путями, какие будут ему указаны. И Он приступает к ковке великого характера — будущего игумена-хозяина, строителя и подвижника. Он, например, устраивает длинную выдвижную палку и каждую ночь, в 12 часов, приходит будить своего ученика на полунощную молитву и стучит палкой в окошко во втором ярусе, где была келья брата Дамиана. И юноша бурной зимней ночью, по пояс в снегу, шел из рабочего дома к полунощнице в монастырь. Этот старец Евфимий был — или казался только, приняв это за подвиг, — юродивым, всем земно кланялся и непрестанно плакал "горючими слезами". В архиве монастырском хранится письмо монаха Иллариона, где тот свидетельствует, что его горячей просьбе явился ему воочию умерший старец Евфимий, обещавший это ему при жизни.

Нестяжательность юного Дамиана старец испытывал, например, тем, что взял у него икону — благословение старика-отца. Он запретил ему обмывать бренное тело и даже менять белье. Наконец Дамиан удостоился принять иночество, и старец его оставил — удалился на житие в пустыню.

По благословению игумена, монах Дамаскин водворился за шесть верст от монастыря, в непроходимой глуши лесной, на берегу двух озерков. Было ему тогда 32 года. Он стал избегать встреч и разговоров, ел гнилую пищу, изнурял плоть свою и носил вериги. В бурные осенние ночи дождь стучал по стеклу оконца, завывал в трубе ветер, гудел страшными голосами бор, а Дамаскин стоял на молитве. И так — семь долгих лет. Иногда в ночи — говорит его житие — из озерка поднимался кто-то страшный, с растрепанными власами, стучал в окно кельи, ломился в двери. Иногда тьма бесов плясала вокруг кельи, и келья содро-галась, как мельница.

Потом — трудная жизнь в скиту Всех Святых, потом долголетнее игуменство, полное кипучей деятельности, всяческое строительство — хозяйство.

— Не хотите ли взглянуть на последнее деяние нашего батюшки о. Дамаскина, новое кладбище? — предложил нам всюду нас провожавший монах-руководитель. — Увидите и лесной питомник.

К этому кладбищу ведет от монастыря длинная аллея из пихт и лиственниц. Кругом — царство лесных пород: кедры, дубы, клены, липы, пихты, серебристые тополя, березы, лиственницы, орешник... — все трудами Дамаскина.

— Тут и питомник наш, любители выписывают в Питер, и благодетелям посылаем в подарочек. А больше по островам рассаживаем, камушки наши одеваем, украшаем.

Возле красивой церкви, с византийским сводом, — кусты жасмина, шиповника, жимолости, сирени, роз и какой-то "пахучей елочки".

— А вот могила о. Дамаскина.

Высокий гранитный крест над гробницей из темного гранита, кругом цветы, много душистого горошка — любил его о. Дамаскин суровый. Недалеко от церкви — келья старца Назария Саровского, перед ней опять крест гранитный. Любил о. Дамаскин сооружать, и сооружал из гранита, на веки вечные. Даже на ферме, двуярусные "венские" погреба — из вечного гранита. И лестницы, и мосты, и обшивка канав-каналов — из гранита. Монахи говорили, с лаской: "да и сам наш батюшка будто из гранита тоже: сколько трудился-то, и силы на все хватало... и не от болезни помер, а повалил его паралич".

Куда ни пойдешь на Валааме — всюду встретишь, совсем неожиданно, крест гранитный или гранитную часовню. Зайдешь далеко в лес. Дорога неведомо куда уходит. Впереди лес стеной, камень-глыбы. Забываешь, где ты... — и вдруг на повороте, под широкой елью, как под шатром, — часовня. Дверь открыта; на аналое крест и евангелие; кадило, псалтырь, старинный, и благодатно взирает Богоматерь, или Спаситель, кроткий, призывает к Себе трудящихся и обремененных.

Иногда вылетит пичужка, покрутится над вами и влетит в часовню. А кругом первобытный лес. Ветерок — откуда-то вдруг прорвется, шевельнет голу-бенькую выцветшую ленту на иконе. Хорошо здесь сидеть, подумать. Воистину, тишина святая. Белка над головой порхает, роняет шишки. А то, случится, выйдет к вам на дорогу олень рогатый или широкобокий лось постоит совсем неподалеку, поглядит в обе стороны, заслышит колеса по "луде" гремучей или молитву инока и повернет неспешно в чащу, похрустывая буреломом. Необыкновенное чувство испытаешь, когда увидишь лесную ча-совенку такую: так вот будто и осветит, и дебри не хмурятся и не пугают глушью, а свято смотрят, в самую душу проникают. И веришь, знаешь, что это все — Господне: и по-валившаяся ель мшистая, и белка, и брусника, и порхающая в чаще бабочке. И постигаешь чудесный смысл: "яко кроток есмь и смирен сердцем". И рождается радостная мысль на-дежда: "если бы так все было, везде, везде... никаких бы "вопросов" не было... а святое братство". И тогда еще, в юные, безоглядные дни, в этом лесном уединении, наплывали неясно думы, что все, что ты знаешь, школьного, выбранного из книг, случайного... — все это так ничтожно перед тайной жизни, которая вот раскроется чудесно, которую, быть может, знают кроткие эти звери, белка, птичка и бабочка... недрами как-то знают... которую знают духом отшельники по скитам, подвижники, тяготеющиеся земным.

От кельи старца Назария спускаемся под горку, идем березовой рощицей, очень свет-лой и ласковой, и подходим к избушке под навесом. Углы избушки прогнили, бревнышки поросли плесенью и мохом.

— Эту избушку сам себе схимонах Николай Смиренный выстроил, келейник старца Назария. Один, говорят, топориком работал. Сто лет ей, а все стоит. Он-то, батюшка, на по-лу спал. Зимой, бывало, снегу набьет, по осени скрозь дырявую крышу дождя нахлещет, а он на полу подвизается. А мы-то, грешные, на кроватях спим да еще жалуемся, что жест-ко... — говорит монах, будто намек это нам, что жаловались мы на жесткие валаамские постели.

Келья маленькая, аршина два-три. Старая сосна над нею.

— Вот, и тесна, и грязна, и низковата... у вас в Питере, собашники, небось, лучше ста-вят, а сюда сам Государь изволил входить, склонившись, со старцем беседовать изволил, не погнушался... вот что-с. Александр Первый... слыхали-с про него? Вот то-то и есть. А какой Государь-то был, самого первого воина на свете покорил, грозного Аполеона-французского, Бонапарта называется, по книжке! А вот и не погнушался, преклонился... дверка-то низенькая, а он, сказывали, высокого постава был, солидный... и преклонился, так уж, значит, ему надо было, преклониться-то, перед Смиренным батюшкой Николаем... и даже трапе-зовал репкой у него. Батюшка Николай-то наш простой был, ему и не в страх было. Ну, принял у него репку... "нечем, говорит, вас, батюшка Государь, угостить мне, гостя такого... вот сладкая репка у меня..." И принял, как за хороший гостинчик... похрустал, пондравилась ему репка. Да-а, как поглядишь на все... и-и-и..! где величие, где слава, во что обратится, когда призовет Господь от тлена его земного? Где величие-то, а? — спрашивает нас монах. Мы молчим. — В смирении величие, потому — что есть мы перед величием мудрости Господ-ней! А вот и могила его, косточки его покой приняли.

Деревянная гробница закрыла могилу схимника Николая, Смиренного. Надгробными исполинскими свещами стоят над могилой сосны.

— Уж вы простите меня... — сказал вдруг проводник-монах. Я удивился: за что простить его!

— Да много вам насказал. Не мое дело помышлять такое, а я про величие помыслил... уж простите. Забыл, как батюшка о. Дамаскин в стих писал.

— В стих? — удивился я, — как, разве он сочинял стихи?

— Хорошо умел проповеди говорить... как святой стих высказывал. Начнет таково на-певно, заслушаешься.

— Так вы застали о. Дамаскина?

— А как же-с, сподобился. Я в уме держу стиховные его слова, сладостные. Про нас, пустословов, очень говорил явственно, вот я и вспомнил, во исправление суемудрия моего. Батюшка и сам перед нами каялся, пример давал. А вот, извольте послушать, я каждый день поминаю его стих:

Много сегодня я, братие, грешный, говорил,
Но сам ничтоже пред Господом благо сотворил.
Горе мне грешному и сущу, благих дел неимущу,
Глаголющу, а не творящу.
Учай других — себя не учиши,
Увы, увы! душе моя, горе тебе!

Святой был человек. И других, слабых, к святости приводить старался.

— В чем же его святость проявилась?

— Чем проявилась-то?—задумался монах.—О благочестии ревновал, ковы бесовы расторгал. Как расторгал-то? Да вот как. Хочет инок из монастыря утечь — бес его донима-ет, — а наш батюшка и не допустит. Такой у нас был случай. Собрались двое монахов от нас уходить. Усовещевал их о. игумен, нет, не берет его слово их, сердца окаменели, онемели. "Так ступайте же, говорит, к раке преподобного Сергия и Германа да там и скиньте ино-ческие одежды. Там вы обет давали — там и расторгните. А от меня нет вам на то благо-словения". Вот как им обернул ответственность. Ну, те и побоялись, и остались. И прозор-ливец был. О прелестях мира сего хорошо говорил, в стихи, тоже:

Кто к миру пристрастится,
Тот с пустынею распростится.

Вот и опять суесловлю, уж простите. Борюсь, а мало, мало во мне смирения.

XI. — Лесная встреча. — Рассказ странника. — Журавли

Мы идем по лесной дороге, не зная, куда приведет она. Всюду гранит, мохом поросший, брусникой. Едим бруснику и не осыпавшуюся еще чернику. Много и зарослей малины, только она сошла. Должно быть много здесь рябчиков — знакомые свисты слышны. На Валааме не стреляют. Чувствует это птица, прилетает сюда и держится. Говорят, и лебеди бывают и гагары. В Коневском скиту можно и гагар увидеть, — совсем ручные.

Нас обгоняет монах на одноколке, кланяется и говорит: "путь вам добрый, с вами Господь!" Пропал за поворотом, только слышен раскат колес по встретившейся плите "луды". Затихло. Вон, в стороне, упавшее дерево, столетнее, должно быть. Мох забрался в пустое дупло. Я тычу палкой — одна труха. Сколько же лет прошло, когда оно упало,— полсотни, сто? Из дупла тянется ромашка, повилика. Из-за мшистого пня высматривают глаза... как странно! "Смотри, кто это там... глаза?"—говорю я жене. Радостная, она мне шепчет: "да это... лисичка!" Да, лисичка, совсем ручная. Глядим на нее, не шелохнемся. Глядит и она на нас. Странное чувство — близости и доверия, и неизъяснимой радости... отчего? Самая обыкновенная лисичка, только... умильная. Миг — и куда-то скрылась. В дупло, пожалуй. Может быть, там и лисята.

Идем и думаем: чудесная какая встреча! Ну конечно, чудесная. Жизнь здесь какая-то иная, чем там, в миру. Зло как бы отступило, притупилось И зло, и страх. Зверь не боится человека, и человек тут тоже другим становится. И вспоминается мне слышанное за трапезой из "житий", как лев защищал какую-то святую от осквернения безумца. Возможно ли? А почему и нет?

Места священные, освященные молитвой. Меняются здесь люди, меняются и звери. Люди здесь не обычные, как везде: здесь подбираются "по духу", — кто-то нам го-ворил, —"как сквозь решето отсеяны".

Эта лесная встреча на многое наводит мысли. Люди меняться могут! Что-то есть в людях разного... В деревне, откуда был родом Дамаскин, славный игумен Валаама, были другие мальчики, но они не пошли искать, а вот Дамиан пошел, — "сквозь решето отсеялся". Значит, есть что-то в человеке, что тянется к святому, ищет. Особенное... душа? — то, что не умирает, как верят эти отшельники, что может воочию являться, как свидетельствует письмом посмертным монах Илларион о любимом старце Евфимии, — явившемся ему оттуда, по обещанию. И это, земное наше, стало быть, как-то связа-но с тем, что — там?..

Прочитанные мною книжки, которым я, студент, безотчетно верил, открывшие мне "точное знание", доказанное научным опытом, отвергающие чудесное, называющие веру в чудесное фантазией и "детским", крепко сидят во мне; но я закрываюсь от них уловкой: ну да... знание отрицает, объясняет научно все сверхъестественное, но... наука идет вперед и, может быть, как-то, когда-то проникнет в то..? Вот же Лобачевский, устано-вил новый какой-то мир, совсем непохожий на наш, земной, — мир, четве-ртого измерения! И оказалось, что доказанное нашей, эвклидовской, геометрией, — истина очевидная! — что параллельные линии никогда не пересекутся... — чистейшая ошибка! Я не знаю еще, как это доказал Лобачевский, не знаю и какого-то "четвертого" измерения, но я рад, что Лобачевский действительно это доказал, — это же все признали и прославили гениаль-ность нашего математика! — доказал, что параллельные непременно должны пересе-каться — где-то там, в бесконечности. И кажется, этот гений был очень верующим, как и Ньютон, как все эти добрые валаамские монахи, как старец Варнава, недавно назвавший нас "петербургскими", как-то провидевший, что завтра мы уезжаем в Петербург! Монахи, конечно, совсем необразованные, не знают "Рефлексы головного мозга" Сеченова, не знают и "Происхождения видов" Дарвина, где сказано и почти доказано, что человек произошел от обезьяны, не читали ни "Прогресса нравственности" Летурно, ни "Психо-логии" Рибо, ни Огюста Конта, ни Иоганна Штрауса, где отрицается божественность Христа... но все-таки удивительные они... разрешают сложнейшие социальные вопросы, над которыми столетие бьются Прудоны, Фурье, Бебели... и даже воздействуют на природу, на нравы зверей, как-то их освящают... своим примером? Тут же я вспоминаю, что на

Валааме... — это непременно надо рассказать всем, интересующимся прогрес-сом нравственности, об этом, конечно, не знают в мире! — что здесь, на Валааме, строго запрещено даже замахиваться кнутом на лошадей! тут даже и кнута не найти, как говорил мне о. Антипа: "у нас все лаской, и лошадка ласку понимает и слово Божие... заупрямится или трудно ей, у вас в Питере сейчас ломовик ей в брюхо сапогом или кнутом по глазам сечет, а у нас слово Божие — скажешь ей — "ну, с Господом... отходнула, теперь берись", — она и берется весело. На Валааме никого не бьют, пальцем не трогают, лик Бо-жий уважают в человеке... — какая высокая культурность и гуманность! — а только послуша-ние возвещают, поклончики и покаяние, перед всеми, за трапезой. Конечно, монахи некультурны в смысле научных знаний, но... они дают удивительные примеры воли, харак-тера, силы духа. Конечно, мне чуждо многое в них, — нельзя же смотреть на жизнь так, как смотрит тот схимонах в скиту, для которого вся жизнь только подползание к могиле, где бренное тело будет червями пожрано, это не жизнь, а ужас! — аскетизм их иногда ужасен, но духовная сила их мне очень симпатична. Часто они — как дети, но... сказано: "сокрыл от мудрых — и открыл младенцам!"

Помнится, такие мысли вызвала в нас с женой — я многое высказал ей тогда, и она радостно слушала, — удивительная эта встреча с лисичкой возле прогнившей ели, — "лесная встреча". Чудесна была эта прогулка — одни, в лесах, без проводника-монаха, один на один с природой. Но нас ожидала и другая встреча, многое нам открывшая.

Лес становился глуше, попадались болотца. Совсем перед нами низко перелетела дорогу большая птица, похожая на курицу, даже заклохтала, и за ней поменьше, штук семь, как крупные цыплята, — может быть, большая куропатка или, скорей, тетерька. Мы постоя-ли, послушали, как чвокали птицы за кустами, совсем близко. И вдруг гранитная часов-ня, под елями! Ели положили на ее кровлю широкие свои ветви. На каменном приступке сидел старичок и постукивал палочкой по земле. Это был не монах, как я сперва поду-мал, а богомолец-страиник. На нем был заношенный, в заплатках, полушубок, уже по-зим-нему. Мы сели к нему и разговорились. Он пришел издалека, из-под Воронежа, поклониться угодникам.

— Жена давно померла, сын неведомо где... работы пошел искать, вестей нет. Вот и надумал я странствовать. Здесь поживу, а к зиме в Соловки пойду, поклониться преподобным Зосиме и Савватию.

— Нравится вам здесь, не Валааме?

— Хорошо здесь, душевно. Вот сижу и гляжу, чего белки разделывают. По благослове-нию о. настоятеля в Коневский скиток сходил... вот рай-то где, тишина святая... батюшке о. Сысою поклонился, схимонах он там, в пустынной самой пустыне, у озерков. Там игумен Дамаскин трудился, показывали и постелю его — гробок... в гробике спал. Побы-вайте у Коневской, такая тишь-красота, век бы не ушел. А остаться не могу, тянет меня с места на место, как птицу перелетучую... третий год и брожу, гляжу, где лучше. Монастыри-то? А чего лучше монастыря? Тут все по правде, человека не обижают, ласковы... и покормят, и благословят, и хлебца на путь-дорожку дадут. А в городе, как что — только и разговору: "ты бродяга, такой-сякой, пачпорт покажь...", а то в каталажку посадят, а за что — неизвестно... а то грозятся — "на родину тебя вышлем..." Места, что ли, им жал-ко... то ли человека опасаются? Разве так можно! А тут доверяют, видят — старый я человек, и работы не спрашивают, а — иди, потрапезуй и щец подольют-повторят, и чайку отпустят на заварочку, — рай прямо. Зима тяжела, а летом одно удовольствие. А что я вам скажу, господин... у них тут зверушки совсем освоились, человека не боят-ся. Намедни лисицу видал, на пеньке сидела, хвостиком завилась, облизывается. Я встал — дивлюсь, а она ничего, ей я без надобности, будто даже разговору желает, только, понятно, языку нашего у ней нету, не дал Господь. Перекрестил я ее — Господь с тобой, творение разумное, — сказал ей, пошел. А она мне вослед гляпит, облизывается. Прямо диво. А сейчас вот на белку радовался...

Она тут все сигала, над часовенкой, будто ей помо-литься надо. Гляжу, а в часовенке шишки лежат, еловые, натаскали они, что ли, на зиму се-бе... а то так, в игру какую играют. А в скиту рыбы-ы... утром был я, глядел. Мне монах и говорит, при схимонахе Сысое живет — "трогай ее клюкой, погладь, они даются". Собралось рыбы, на солнышке, чесуя так и горит, только не щуки, а эти... нет, не караси, а... вроде как голавль, гла-дкие такие... а может и сиги, не знаю прозвания. Ну, я вот этой палочкой и посунул в рыбу, в стаю ихнюю... Ни-чего, не пужаются, трутся возля палочки моей, погладил их, поддел... как уха там, густая-разгустая. На монастырь берут, когда затребуется. А сами ни-ни, там рыбки и на Пасху не полагается, строгий скиток. Заведет наметкой, а то, говорит, и корытом можно, легко даются. А грыба сколько... рыжик уж пошел, по горочкам... и груздь есть, и боровики какие... и свинухи, и подосиновые... весело ходить. А брать не благословляют... все по череду, для обители послушание дают грыбникам. Намедни ходил я на послушание, вот такую корзину им приволок. А что, сказывают, скоро будто нашему свету конец будет... не слыхали?

— Не слыхали. А кто сказывает?

— А шел, теперича сказать, я Тверской губернией, в одном селе в ночевку зашел к мужичку. Так богомолка там сказывала: "как будет Благовещенье на Пасхе в четверток, так и ждите свету конец". Не слыхали? Может и так, наплела. А то, сказывали еще, большая звезда оборвалась, на нас прямо несется... может повредить нас... не слыхали? Это мне один странник сказывал, от барина узнал. Она уж давно оборвалась, тыщу лет все летит, и лететь ей, прикидывали по стеклам, еще тыщу лет, а тогда может повредить, большой пожар, говорит, зажгет, жару в ней много, железная вся, звезда та. Говорит, на ней тоже, может, люди какие проживают, только самые грешные.. много нагрешили, их звезда и не смогла сдержать, от грехов-то значит, уж ей так от Бога назначено, в наказание греш-никам... ну, и сорвалась с устоя... Как скажете... вы хорошо грамотные?

— Пустяки, говорю, посмеялся над тобой кто-нибудь.

— Нет, не пустяки. Сам видал, как звезды летают. Тут сколько летало намедни, на Прохора-Никанора видал, к полунощнице шел — видал. Как-то срываются. Кто ж это их оттуда сошвыривает?

Я попробовал ему объяснять, как метеоры пролетают, но он, должно быть, не мог по-нять. Да и сам я нетвердо знал про падающие звезды.

— Все возможно, у Бога всего много... никакие ученые ие могут всего дознать. А чего дознают, это уж как Господь дозволит. Господь Иисус Христос сколько воскресил мертвых, а ученые хошь кого бы воскресили! Уморить могут, а вот от смерти выправить — не-эт. У меня грыжа, это место мешком затягиваю натуго... Ходил я, барыня посоветовала, к дохтуру... Мы, говорит, тебя порезать можем, доверься нам. В хорошей больнице я был, а барыня записку дала. А могу, спрашиваю, помереть от вашего ножа? Ну, он рас-серчал: "я не колдун, сказать не могу... бывает, что и помирают". Не дался я. В Оптиной был, монах мне отсоветовал: помажь то место святым елеем. Совсем хорошо стало, ушла грыжа внутрь, хожу, ничего. А вот будто звезды в море-океан падают, люди говорили... потому и теплые моря те, и тепло там, зимы нет. Есть такие земли, теплые. От нас туда народу много пошло, вольной земли искать, за море. Турки там только, нехристи. А жить там хорошо. Это за Сибирь, за горы. Звали меня воронежские наши, да куда мне, один я... думаю, по святым местам похожу, душу порадую.

Свистела какая-то пичуга, глухо падали шишки на дорогу. Белочка перепрыгивала в вершинах, пышный хвост ее рыжевато светился на солнышке, в просвете неба. Заду-мался я... И вдруг — звон легкий, особенный звон — с подтреском, будто на деревянных струнках сухих кто-то перебирал, часто-часто. И все громчей, все ближе — нака-тывало стучащим звоном.

— Э, журавли, пожалуй...—сказал странник.

Мы посмотрели в небо. Там протянулась темная линия, в

сверкании. И от этой линии, треугольником, с неровными краями, великим углом звенящим, сыпалось стукотливым рокотом тревоги, радости, будоражной какой-то спешки.

— Как есь журавли, от холоду летят-торопятся... на теплые места, на полдни... — задумчиво сказал странник. — Они знают, морозы скоро будут. За море летят?

— Да, в теплые страны, на теплые воды.

— Знают, куда лететь. Туда и наши воронежские пошли, по машине поехали с ними, за Сибирь, нарезка им будет... землю дает казна, только хлеба больше сейте, велела. А хлеб там, сказывают, сам родится, только посей, чуть поковыряй. А травы там... под самую крышу... житье там! Вот, журавель... птица, а свою пользу понимает. Господь и птицу умудряет, и не голодает она. Не сеет, не жнет, а сыта. И-эх, зажаривают-то... гляди-ка, еще косяк!

Длинный сверкающий косяк пропал за елями. Слабей крики, отдельные выкрики отсталых. И стало тихо, шорохи белок слышны.

— Шабаш, кончилось лето красное, осень подошла... — сказал странник.

Я глядел в светлое небо, за елями. Умолкнувшие крики тревоги-радости остались в душе моей. Остались накрепко. Эта встреча у валаамской часовни, в лесной глуши, не прошла для меня бесследно. Теперь я знаю это. Отозвалась через много лет, отозвалась неожиданно, в унылые дни жизни, когда я искал себя — и не находил, — когда я служил во Владимирской губернии, и служба мне становилась в тягость. Сколько раз спрашивал я себя, какую же мне избрать дорогу, чего ищет моя душа. Смутны были эти тяжкие дни блужда-ний, недовольства собой, сомнений. Так и буду до конца дней ездить по городкам, про-верять торговлю, ночевать на постоялых дворах, играть в преферанс и в винт, выпивать после роббера, ожидать наградных и повышения по службе. Иногда намечался просвет какой-то, вспоминалось, что когда-то писал, печатался, начал сразу с почтенного, "толстого" журнала, студентом, на первом курсе... написал книжку даже, — правда, незрелую и дерзкую,

145

"На скалах Валаама", задержала ее цензура, вырвали тридцать шесть страниц из нее, и пришлось переделать и вклеивать... хвалили меня за эту книжку и бранили... — и после того замолк. Десять лет не писал, ни строчки. Не думал, что я писатель, страшился думать, не смел. Писатель — это учитель жизни. А я? Я же так мало знаю. Писатели, это — Пушкин, Гоголь, Достоевский, Толстой. И я забыл о писательстве.

И вот пришло. Помню, в конце августа, в тяжкие дни сомнений и блужданий, чуть не отчаяния, пошел я за реку Клязьму — уйти от себя, забыться. За Клязьмой, за луговою поймой, тянулись леса, леса. На пригорках, по ельнику, уже появились рыжики. Я зашел в глушь, в чапыжник, — ушел из мира. Вспомнился Валаам, святая его пустыня. Такие же ели мшистые, такая же тишина глухая. С той поры десять лет откатилось, был я тогда студентом, — как же это давно было! Тогда казалось, что все впереди, что жизнь только вот начинается. И вот ничего уже впереди, лямка одна чиновничья, в командировку завтра. Так до конца и будет. Помню, лежал на пригорке, думал в тоске давящей, искал "пути". И вдруг, как в лесах на Валааме... далекий-далекий звон, особенный звон, с подтреском, будто на деревянных струнках перебирает кто-то... ближе, громчей, слышней. Накатывало стукотливым звоном. Вспомнилось — журавли?! С той, валаамской, "встречи", — как раз де-сять лет минуло! —больше я не слыхал такого звона, звонкого гомона тревоги, радостно-будоражной спешки. Все во мне взбило и перепутало криком этим. Я глядел в небо за елками, ждал тревожно, с волнением и болью.

И вот, как тогда, — они. Тот же косяк, углом, с неровными краями, тот же... как там, на Валааме, когда вся жизнь была еще впереди — самое радостное и светлое, — не было сомнений, ни томлений, ни тревожных вопросов — куда определиться, чего искать. Звонкий, сверкающий косяк птиц, хорошо знающих свою дорогу, влекущий, радостно-будоражный и торжествующий. Все позабыв, мыслью я уносился с ними в голубизну. Затихли крики, угасло последнее сверканье — потонуло за елками А я все провожал его, все следил: во что-то смотрел, не видя, — только голубизна, влекущая. Не думая, не сознав, — нашел. Эти две "встречи" слились в одно. С того и началось писательство.

В тот же вечер написал я первый, после десятилетнего ожидания, рассказ, дет-ский рассказ — "К солнцу". Поспал в "Детское чтение". Его напечатали охотно и просили прислать еще. Забыв службу, я писал радостно и легко, не видя, — "в голубизне". Жил и не жил, не сознавая. Не задавал вопроса — куда идти? Скоро почувствовал я силу сказать жене: "кажется, я нашел, что надо... надо бросить службу". Она сказала спокойно, твер-до: "я на все готова, лишь бы тебе было хорошо". Не зная, что ожидает нас, она с верою приняла открывшийся неизвестный путь, трудный путь. И ободряла меня на нем всю жизнь.

Думал ли я тогда, у лесной часовни, что все это как-то отзовется в жизни, как-то в нее вольется и определится? И вот, определилось. Связал меня Валаам с собой. Вспоминает-ся слово, сказанное нам схимником о. Сысоем, в скиту Коневском, неосознанное тогда, теперь, для меня, раскрывшееся: "дай вам Господь получить то, за чем приехали". Тогда подумалось — а за чем мы приехали? Так приехали, ни за чем... проехаться. И вот, определилось, что — за чем-то, что было надо, что стало цепью и содержанием всей жизни, что поглотило, закрыло жизнь, — нашу жизнь.

Будоражный, зовущий крик журавлей оставил в нас смутно-грустное, неясный порыв куда-то, мечту о чем-то. О чем... — этого мы не сознавали. Мы долго тогда сидели у часовни, в лесной тиши. Верхушки елей тронуло чуть багрянцем, густившимся золотом заката.

— В монастырь пора, чаек-то уж пропустили... — сказал странник, — скоро и к трапезе покличка будет.

И мы пошли, задумчивые, из этого лесного царства, где освящаются дебри часовнями и крестами, где покоятся останки великих духов, где звери смотрят доверчиво, без зла и страха.

XII

В скиту Коневском. Прощанье. Валаамский дар

Мы едем в Коневский скит, — во имя Божией Матери Коневские, верстах в шести от монастыря. К крыльцу гостиницы подан тарантас, запряженный сивой лошадкой. За кучера — монашонок-карел, "молчальник". Он всегда возит о. игумена и сидит на козлах по уставу: со страхом и трепетом. Во всю дорогу он не произнес ни звука. Лошадка неторопливая, ленивая, могла, бы и походчей идти, но кнуток Валааму неизвестен — "блажен иже и скоты милуяй".

Погода серенькая, дождливая: унесли лето журавли. Едем лесом. Остро пахнет гриба-ми, осеннею горьковинкой хвои. Намокшие лапы елей цепляют нас за шляпы и осыпают дождем. Неуютно теперь в лесах. А как пойдут настоящие осенние дожди да бури, леса зашумят-завоют, повалят лесные буреломы, — жутко тогда в лесах. А отшельники по глухим скитам будут выстаивать ночи на молитве, а днями колоть дрова и собирать ва-лежник. А рыбаки-монахи на своих древних ладьях выйдут на бурную Ладогу закидывать свои сети-мрежи; на кирпичном заводе трудники будут мять мокрую глину на кирпичи, каменотесы — ломать на горах гранит; машинист-монах пойдет на качливом "Валааме" за многие версты на дальние острова. Бури, ливни, метели, — все едино Валаам не остановит своей работы-служения "во имя" подвижнических трудов, молитв. К полунощнице — движутся старцы по сугробам, лесам, проливам. Светит им Свет Христов.

Едем орешником. Осенняя на нем ржавчина. Под колесами жвакает, сочится. Что это там краснеет? А, рябина. Мокрые кисти виснут. Скука и неуют. Вон болотце: унылая осока, шатаются камыши под ветром. Мокрый монашек повстречался, несет розовые грибы — рыжики, молоденькие, промытые. Весело нам кивает, словно и нет дождя. Опять часовня, плачет осенними слезами черный гранитный крест.

Белки теперь по дуплам, и ли-сичка подремывает где-то. Вон, над полем с гнилым сараем, тряпками носятся вороны в ветре — какие-то у них дела. Гремят по "луде" колеса тарантаса. Прокатили; мягко, опять по иглам. От игол тянет душною скипидарной сыростью. Ну вот, приехали. Поперек до-роги мокрый плетень из хвороста, — дальше и нет пути: тупик, скит.

Монашонок молча остановил лошадку и остался сидеть, как мумия, — так и не обернул-ся к нам. Стало быть, выходить. Отыскиваем в плетне проходик. Видим с холма озерки, кусты и церковку. Сеет дождик, скучно шуршит по листьям. Идем мимо черных ого-родов, доходим до деревянной церковки, — ни души. Воистину — скит, пустыня. Церковка заперта. За огородом, на холмике, две смежные избушки. Это кельи пустынников, связан-ные сенями. Плачут в дожде оконца, дымок курится и стелется, — дождь надолго. В ка-менистой горке выбита криво лесенка. Мы, скользя, поднимаемся к избушкам. Да где же скитники? Заглядываем в сени и видим: вот они, жители пустыньки. На полу сидят трое: седенький, тощий старичок в скуфейке, приятный такой лицом, мертвенно-восковым, бескровным, черноватый монах, лет сорока, кряжистый, с горячими глазами, и юный послушник, светлоликий, с тонкими чертами, в золотистых локонах, как пишут ангелов. Сидят молча и старательно чистят лук, режут ботву с головок.

— Бог в помощь, здравствуйте!

Возглас пугает их. Так они были заняты работой — а может быть и мысленной молит-вой, — что не слыхали, как мы вошли.

— А, Господи помилуй...— сказал старичок-схимник, и я понял, что это о. Сысои, о ко-тором говорил нам странник — Лучок вот режем, Господи помилуй.

Прочие только поклонились и продолжали резать. Не вовремя мы, видно, попали. Стоим, молчим. А они продолжают резать, будто нас здесь и нет. Наконец схимонах говорит опять, будто с самим собой:

— Лучок вот режем, Господи помилуй.

Я думаю: они разучились говорить и молчат от смущения Прошу показать нам церковку и келью о. Дамаскина.

149

— Возьми ключи да покажи им... все обскажи про батюшку...— говорит стари-чок мальчику в локонах. — А угостить-то вас и нечем... Господи помилуй.

Мальчик ведет нас к церковке, скребет огромными сапогами по камням. Церковка небогатая, бревенчатые тесаные стены, скромный иконостас; дощатый, в сучочках, пол. Пахнет сосной и ладаном. Я спрашиваю мальчика, давно ли он на Валааме.

— Год скоро. А здесь, в пустыньке, шесть месяцев.

Из Питера он, служил в экспедиции государственных бумаг.

— Что привело вас на Валаам?

— Не знаю... Читал про Валаам, и понравилось, как живут тут. Богу служат.

— Но ведь тут трудно, в такой неуютной обстановке... особенно после Петербурга?

— Святые отцы жили... — говорит он.

Я смотрю на его локоны ангела. Может быть, и он "отсеянный"? Таким, должно быть, и юный Дамиан был. Есть такие, особенные, родятся как-то, чуждые "сему миру".

Идем к озеркам. Соединяет их деревянный мостик, над проточком. Берега заросли осокой.

— Говорят, много у вас рыбы?

— Уха живая. Ловим только на монастырь, а здесь рыбку не позволяется и в великие праздники вкушать. Ручная у нас рыба, черпать корзиной можно. Сейчас хмуро, а солнышко когда, так спинки и синеют, перышками играют. У нас в обители там рыбу из икры разводят, завод такой есть. И форель разводят, и сигов, и лосиков... Чего-чего только не делает братия у нас. У нас прямо целое государство, только духовное, конечно. И свечной завод, и кожи мочим, и скипидар гоним, и переплетная у нас есть, и лекар-ственные травы растим, и сукна валяем, и посуду обжигаем, скудельный заводик есть... и лесопильная, и конный завод, и граниты шлифуют, и мрамор полируют. Господь умудрил, и мастера-рабочие тянут к нам, с питерских заводов да и совсюду. Ведь разные люди на свете...

есть и озорники, рабочий-то народ, а есть и в рабочем народе "зернышко Господне", на слово Божие идут. Вот и живем, как царство.

Мальчик удивил меня разумной речью.

— Вы где учились?

— Городское окончил, а потом меня папаша к себе в экспедицию устроил, краски мешать-тереть. Я там рисовать стал... У нас там граверы тонкие, первые граверы во всем свете.

— И жалованье вам платили?

— Конечно. Я получал 24 рубля на месяц, подростковое, как ученик, У нас там особое жалованье, там *люди отборные* берутся, верные, от отца к сыну, даже дедушки служили. Ведь там и деньги заготовляют, и надо держать секреты, там все крепкие люди, верные.

И он — ушел! Значит, тоже крепкий, "отсеянный". Юный совсем — и такое жалованье, театры, всякие соблазны, лакомства в магазинах, семья, очевидно, зажиточная . — и ушел в глушь сюда, в скит, в пустыньку, лучок режет, гремит в таких сапогах — ноги, небось натерло... — "понравилось, святые отцы жили"!

— Вы читаете здесь какие-нибудь книги?

— А как же, отцов Церкви... Исаака Сириянина, Макария Египетского... что "старец" укажет, о. Сысой. Он тоже зна-ет Писание. Простой он с виду и очень смиренный ду-хом, а твердый в искусе. Он руководит хорошо, толкует мне. Только он, конечно, меня жалеет, добрый очень... Строже бы надо, а он что же... за искушение сто поклончиков, а больше и не возвестит.

К нам подходит схимонах Сысой.

— А вот здесь, — показывает он на камень у воды, — птицы-гагары гнездо вьют и птенцов выводят... и нас не боятся. Гагара-птица нелюдимая, самая строгая, любит самую даль-крепь... глухие, значит, места. А вот, еще при о. Дамаскине, когда молодой он был, больше полсотни годов все ведутся гагарки-то. И каждый год только одна пара при-летает.

— И сегодня прилетели?

— Нет, ноньче что-то не воротились, первый год так. Малоптенцовые они, больше парочки не выводят. И вот первый год не прилетели, а то всегда. Это их в миру злой человек, может, напугал... пострелил, может.

— Вы давно здесь в скиту?

— Два годика. А то все дозорщиком был в Никольском скиту, не островке. До схимы о. Стефаном звали.

— А это что такое—"дозорщик"?.. на Никольском островке служили?

— Монастырь берег, от приходящих. Зимой по льду к нам бредут... ну и стерег, обыскивал. Дело Божье, нельзя пропускать... искушение несут нам, есть такие озорники. Грех протащить хотят, запретное. Слабые есть из братии. Ну, я табачок в озеро, и еще чего, похуже... об камушек. И огорчения бывали... били меня лихие люди. Потрудился я, а вот теперь на отдыхе — грядки копаю, лучок сажаю. Молиться-то?! И молюсь, по мало-сти... Господи помилуй. Ну, дай вам Бог получить, за чем приехали. Проводи их, сынок, покажь келейку батюшки Дамаскина... — сказал о. Сысой послушнику. — А я уж пойду, лу-чок режем. Ну, спаси вас Бог, Царица Небесная.

Он заковылял к своей келье, а мы перешли мостик и поднялись на горку, где под дубками, кленами и липками стояла пустая теперь келья игумена Дамаскина.

На стене сруба прибит четырехаршинный крест, работы Дамаскина.

Мы вошли в келью-клеть. Эта клеть, простая изба, разгорожена на четыре клетушки. В одной он работал, — а и повернуться негде; в другой молился, в третьей переписывал священные книги, в четвертой почивал.

— Вот его моленная.

Клетушка шириной в аршин, длиной в два. Аналойчик, икона, стул. В крохотное окон-це виден краешек озерка, холмик, поросший лесом. Здесь искушали его бесы, устрашали, осенними бурными ночами, в этой живой могиле. А он молился. И продолжалось это семь долгих лет, до главного подвига — строительства царства валаамского.

— А вот его постель.

В клетушке, под оконцем, дощатый гроб на полу и в нем рогожка. Мы вышли. Дождь перестал. Всюду висели на листьях капли, сверкали живыми алма-зами на солнце. Выглянуло оно из тучи, сияло в мелкой волне озерка холодным блеском. Кораллами горели обвисшие рябины. За озерком о. Сысой — не огороде, копает лук.

— Прощайте, о. Сысой! — подошел я к нему.

— Бог простит, Бог простит... простите нас грешных...

Я пожал с грустным чувством его восковую руку — ручку. Было мне почему-то его жалко, думалось, старенький, не долго ему пожить осталось. И еще подумал: "а ему, может быть, это радостно... ведь он верит в вечное, небесное..."

— Прощайте... больше уж не увидимся... здесь... — сказал он, словно на мои мысли, и посмотрел мне в глаза. Было в его глазах что-то... чего он не высказал словами: "там свидимся"?

Я прошел в сени келий. Черноватый монах все еще обрезал лук.

— А, уходите... Вы уйдете, а мы останемся. А скажите... слыхал я, немцы, будто, войну воевать хотят... не слышно? — таинственно спросил он.

— Не слышно

— Ну, а как у вас там, в России, ничего?

— Ничего.

— А мне вот богомолец один сказывал... будто у России с Францией дружба завязалась... правда?

— Правда.

— Ну, неладно это. Француз, — он хитрый. Напрасно Россия с ними связывается. А что... голод будто недавно был?

Этот был обыкновенный, до мира жадный, с живыми, даже горячими глазами, — "неотсеянный", так и останется "в решете".

— На будущее лето, может, заглянете, новенького чего расскажете. В лесу живем, птица пролетит — не скажет, хоть и много видит.

Этот не "отсеется" никогда.

Мы сели в тарантас. Недвижный, насквозь промокший мальчик-карел сонно повел вож-жами. Бойко пошла продрогшая лошадка, посыпало крупным дождем с орешника.

В сенях гостиницы стоит у дверей о Антипа с блюдом. Мы кладем нещедрую жертву нашу за щедрое гостеприимство. О. Антипа кланяется в пояс.

— Маловато погостили, маловато... — жалея говорит он, — хорошо себя вели, и привык я к вам, милые. Скажете о нас доброе словечко там. Мы обнялись и поцеловались.

— Скажу, батюшка... есть что сказать. Много видел я доброго, чего и не ожидал увидеть.

— Вот и не забывайте нас добрых-то. Хоть и отбились мы от мира, а все люди... не забывайте нас, проведайте. Сейчас вы к о. игумену, проститесь... да к угодникам преж-де сходите поклониться, к Сергию — Герману, батюшкам нашим. Они вас в пути сохранят. А поклажу вашу мы на пристань доставим. Ну, с Господом.

Мы поклонились угодникам и поднялись в покои о. игумена — получить, по валаамскому обычаю, благословение в путь.

— Ну, как вам у нас показалось? — спросил о. игумен.

Я сказал — что сердце велело мне. Он видимо был доволен.

— Далеко нам до высоты подвижнической, тщимся, сколь можем, в меру духовной скудости нашей... — сказал он просто, благословляя нас. — Всегда вам рады будем. Скорбеть будете — приезжайте помолиться. Молитва — все и богатство наше.

Сходим по гранитным ступенькам к пристани. Грустно нам уезжать — привыкли? Пароход "Петр" привез новых богомольцев, на праздник Успения, послезавтра; тянутся они в гору к гостинице. Говорят, что на 28 июня, день памяти преп. Сергия и Германа, бывает до пяти тысяч богомольцев. Всходим на палубу. Внизу монахи поют "Достойно". О. Николай грустно смотрит на отъезжающих. Мне жаль его. Кричу — "прощайте, о. Николай!" Он подходит нервными быстрыми шагами к борту, растерянно моргает, силится не заплакать. Голова поникла, руки заложены за спину, — приговоренный будто.

— Прощайте... — уныло говорит он. — Туда, на родину вы... к своим... Вытирает красным платком лицо и задерживает платок у глаз.

— Ведь четыре года я здесь... и никакого распоряжения! Забыли, не дают прихода. А как же мне без прихода-то семье на шею. Бедные мы, бессильные... У кого связи, а у нас — ничего.

Я с грустью думаю, что и у меня нет связей, ничем не могу помочь. Жаль только.

— Истомился — шепчет старик, чуть слышно, — чувствую, скоро и совсем обсижусь тут, не будет и тянуть туда. Прощайте, голубчики мои.

Впоследствии я узнал, что опасения о. Николая оправдались, он навсегда остался в монастыре.

По сходням идет монах, машет нам чем-то, завернутым в белую бумагу.

— Обители благословение на путь вам.

Я беру с поклоном, развертываю и вижу — хлеб! Чудесный хлеб валаамский, ржаной, душистый, с тонкой корочкой, пахнет и пряником, и медом. Отрезок длинной ковриги, фунтов на пять. Тут же мы и едим его, крестясь на золотые кресты и синие купола собора. И с этим валаамским хлебом вкушаем в последний раз, впитываем в себя, в сердце кладем себе благостное, что видели и вняли, что осветило нас, первые шаги нашей жизни. Мы едим валаамский хлеб, тесно у нас в груди. Глаза смотрят на все прощально, жадно. Никогда больше не увидим! Никогда. В грезах увидим, в снах.

Гудок. Прощай, Валаам, чудесный, светлый. Мы говорим друг другу — говорим взглядами и понимаем; как хорошо мы сделали, что выбрали — почему-то — Валаам целью поездки нашей, первого в жизни путешествия. Говорим глазами:

— Правда ведь хорошо?

— Правда, хорошо.

Второй гудок. Матросы закрыли борт. Певчие-монашонки звонкими дискантами зачинают "Преобразился еси на горе-э... " Послушники поддерживают басами. На пароходе подхватывают тропарь. Катится по Монастырскому проливу, в камнях отзывается, в лесах.

Третий гудок. Пароход отваливает от Валаама. Богомольцы снимают картузы, крестят-ся на собор. За решеткой, на высоте у монастыря, одинокие черные фигуры смотрят, — не разобрать: иноки провожают прощальным взглядом. Ползет за ним пенистый хвост воды, расходится длинными косами, катится к каменистым берегам, шлепает белой пеной. Мимо скита Никольского, — Ладога там блестит.

— Прощай, Валаам... до будущего года! — слышатся голоса на палубе. На граничных утесах лес островерхих елей. Над ними золотится крестик скита Всех Святых.

Вот и вольная Ладога играет. Пролив — за нами. Виден весь Валаам, весь в солнце, зубья его утесов. Где-то на высоте, за соснами — деревянная церковка-игрушка: дальний скит, Александра Свирского. Снежно сияет светило Валаама — великолепный собор с ве-ликой свечою-колокольней. Дремлет. Лазоревые его главы начинают вливаться в небо, лазоревое тоже. Белеют стены в зеленой кайме лесов. Снежная колокольня долго горит свечой — блистающим золотом креста. Мерцает. Гаснет.

www.ingramcontent.com/pod-product-compliance
Lightning Source LLC
Chambersburg PA
CBHW01080825062 6
47156CB00010B/3038